일상에서 만난 교리

일상에서 만난 교리

© 생명의말씀사 2022

2022년 1월 28일 1판 1쇄 발행
2025년 3월 24일 　　 5쇄 발행

펴낸이 | 김창영
펴낸곳 | 생명의말씀사

등록 | 1962. 1. 10. No.300-1962-1
주소 | 서울시 종로구 경희궁1길 6 (03176)
전화 | 02)738-6555(본사)·02)3159-7979(영업)
팩스 | 02)739-3824(본사)·080-022-8585(영업)

지은이 | 서창희

기획편집 | 서정희, 장주연
디자인 | 박소정, 윤보람
인쇄 | 영진문원
제본 | 보경문화사

ISBN 978-89-04-16789-0 (03230)

저작권자의 허락 없이 이 책의 일부 또는 전체를
무단 복제, 전재, 발췌하면 저작권법에 의해 처벌을 받습니다.

일상에서 만난 고리

무너진 내 삶의 질서를 바로잡는 구원의 체계

서창희 지음

생명의말씀사

차례

추천사 · 6
감사의 글 · 9
서문 · 10

1 [**부르심**] 엄마가 부르지 않는 아이 · 23

2 [**거듭남**] 나는 태어나기로 결정한 적이 없다 · 41

3 [**회개**] 잘못을 인정했다고 용서해 주면 안 된다 · 63

4 [**믿음**] 믿음을 '통해' 구원받는다 · 79

5 [**칭의**] 내 상태가 좋지 않아도 상관없다 · 95

6 [**성화**] 손을 씻는 것은 즐거운 일이다 · 121

7 [**견인**] 결코 실패하지 않는 길 · 139

8 내 삶의 주제로 성화되어 가기 · 151

부록 · 163
주 · 179

추천사

이 책은 생각하며 예수 믿게 하는 책이다

기다리던 점심시간. 깨끗한 식당에서 소박하지만 기름기 없는 깔끔한 한 끼 식사를 한 기분이다. 원고를 다 읽고 느낀 소감이다. 신세대 목회자답다. 묵직한 표현이나 갑옷 같은 논리로 무장하지 않았다. 그 대신 누구나 겪음직한 일상생활을 이야기한다. 거기서 아무나 쉽게 떠올리지 않을 교리를 생각하게 해준다. 기독교 신앙의 뼈대를 잡아 준다. 아무리 씨를 많이 뿌린들 줄기와 가지 없이 어찌 꽃 피고 열매를 맺으랴. 이 책은 생각하며 예수 믿게 하는 책이다.

김남준(열린교회 담임목사)

가장 예스러운 교리가 문화의 옷을 입고
가장 힙한 모습으로 등장했다

예수님을 믿고 구원에 대한 확신은 있지만, 그 구원의 과정에 대해 체계적으로 아는 사람은 드물다. 이 책은 '구원의 서정'이라는 어찌 보면 딱딱하고 어려운 교리를 쉽고 간결하게, 그리고 일상의 언어로 표현해서 이해하기 쉽도록 해준다.

팀 켈러(Timothy Keller)의 책을 읽으면서 한국에도 이렇게 상황화된 복음을 전하는 사람이 있으면 좋겠다는 생각을 많이 한 적이 있는데 거기에 가장 잘 맞는 사람이 있다면 아마도 서창희 목사일 것이다. 가장 예스러운 교리가 문화의 옷을 입고 가장 힙한 모습으로 등장했다. 이렇게 교리를 전달할 수만 있다면, 많은 사람이 교리를 어려워하지 않고 사랑하게 될 것이다. 어린 시절 부모님이 딱딱한 반찬을 먹기 좋게 만들어 떠먹여 주시던 기분이다. 무얼 주저하는가! 편안하게 입만 벌리라!

고상섭(그사랑교회 담임목사)

저자가 울었다는 대목에서 저는 숨이 막혔습니다

모든 목사가 그렇겠지만, 저는 특별히 구원에 관심이 많은 목사입니다. 평생의 사역 중에 성도들의 영적 방황을 곁에서 살펴보니, 대부분의 원인이 구원에 대해 헷갈려하는 데서 비롯됨을 발견했습니다. 구원이 흔들리면, 신앙이 흔들립니다. 흔들리는 신앙을 바로잡는 길 역시 구원을 바로잡아 주면 됩니다.

이 책을 읽으며 감탄에 감탄을 했습니다. "회개 속에는 나의 속죄가 없다!" 서창희 목사님이 울었다는 대목에서 저는 숨이 막혔습니다. "회개 속에 나의 속죄는 없다. 오직 예수 그리스도의 속죄만 있을 뿐이다!" 이 한 문장만으로도 이 책은 그 값을 충분히 합니다. 추천사를 쓰기 위해 이 책을 읽다 저는 이 책 200권을 선주문했습니다.

서창희 목사님은 그가 신학대학원 재학 때 알게 되어 한사람교회를 개척하고 오늘에 이르기까지 곁에서 함께하고 있습니다. 신학을 공부하며 깨달은 귀한 진리를 이렇게 쉽고 분명하게 전하는 것은 성도 사랑의 아름다운 열매입니다. 교회를 사랑하고 성도를 사랑하는 서창희 목사가 내가 아는 목사인 게 자랑스럽습니다. 서 목사와 같은 젊은 목사님들이 우리 곁에 있다는 것이 든든하고 흐뭇합니다.

조현삼(서울광염교회 담임목사)

감사의 글

　한사람교회 성도님들께 진심으로 감사드린다. 부족한 설교임에도 눈을 마주치며 끄덕여 주신 성도님들이 계셨기에, 그 내용이 책으로 정리될 수 있었다. 함께 동역하는 김현수 목사님께 늘 고맙다. 동역자이기 전에 그는 나의 친구다. 나는 친한 친구와 함께 세상에서 가장 재미있는 일을 하고 있으니, 행복은 당연하다. 첫 책 『내 인생, 여기서 끝나지 않는다』를 발간하는 데 도움을 준 권정민 형제도 나의 보물이다. 좌충우돌 힘겨웠던 첫 책이 없었다면, 이 책도 없었다. 고마움을 전한다.

　목회자는 또 다른 목회자의 사랑을, 교회는 또 다른 교회의 사랑을 받기도 한다. 어려운 신학생 시절 장학금으로, 추운 겨울 갈 곳을 잃어 한사람교회가 어려울 때 물질과 가르침으로 큰 힘이 되어 주신 조현삼 목사님과 서울광염교회 성도님들을 존경하고, 사랑한다. 한사람교회가 잊지 말아야 할 한 가지 은혜가 있다면, 이분들을 통한 사랑일 것이다.

　나의 첫 책에서 내 자기 소개는 '젊은 청년 전도사'였다. 어느새 나는 두 아이를 가진 '아빠 목사'가 되었다. 이전 책의 내용에 비해 주를 향한 사랑과 삶에 대한 이해가 조금이라도 깊어진 부분이 보인다면, 그것은 모두 끝까지 나를 사랑하며 격려해 준 아내와 가족 덕분이다.

서문

구원 교리가 내 삶과
어떤 관련이 있냐고 묻는 이에게

**술집에
끌려 나간 목사**

나는 신학대학교가 아닌 일반 대학교 경영학과를 졸업하고 목사가 되었다. 직장 생활까지 한지라 예수님을 믿지 않는 친구들이 주변에 많이 있다. 목사가 되었지만, 능력이 부족해서인지 아직도 전도가 되지 않은 6명의 친한 친구들이 있다. 나는 사역자가 되어 주말이면 바쁘고, 친구들은 여전히 주말에 술판을 벌이기에 맨날 술자리에 빠진다고 지금까지 욕을 듣고 산다.

또 술자리에 빠져 미안했던 어느 날, 홍대 앞에 있는데 친구들에게서 너무 보고 싶다고 전화가 와서 잠깐 합류했다. 역시나 앉자마자 목사를 만난 반가움을 그들답게 표현했다.

"아이고, 목사님이 여기 비천한 곳까지 와 주시고, 고맙네."
"술은 안 하시니 안주라도 드셔야 하는데, 식사 전에 기도는 하셨나?"

소주잔에 사이다를 따르면서, 거칠지만 따뜻한 그들의 인사를 받으면서 나는 오랜만에 말 그대로 내 또래 친구들이 생각하는 신앙에 대해 적나라하게 들을 수 있었다.

갑자기 깊어진
신앙 이야기

한 친구는 기복 신앙을 비판했다.

"나는 교회가 뭐 열심히 믿으면 복 받는다고 말하는 게 참 싫더라. 그게 말이 되냐?"

나도 안타깝다고 설명했다. 예수님을 믿는다고 무조건 잘 되는 건 아니라고 말했다. 이젠 당황스럽지도 않은, 평범한 교회 비난 질문이었다. 이런 몇 가지 이야기를 하곤 화제가 넘어갈 줄 알았다. 그런데 신앙의 대화가 갑자기 점점 깊어지기 시작했다.

다른 친구가 자신의 삶을 하소연했다. 지금 다니는 직장이 힘들고, 집을 구하기도 너무 어렵다고 울먹였다. 그러면서 자신의 인생이 왠지 꼬이고 있다는 불안함이 든다고 했다. 종교는 없지만 예전에 자신이 저지른 나쁜 짓 몇 가지가 후회되고 마음에 걸려서, 성당에 나가 고해성사를 해본 적이 있다고 했다. 고해성사를 하면 하나님이 정말 나를 용서해 주시는 것이 맞냐고, 인생이 다시 잘 풀리냐고 물었다. 취업조차 하지 못한 또 다른 친구는 자신의 인생도 잘 풀리고 싶었던지, 나의 대답을 기다리며 바라보았다.

 신자들은 본능적으로 누군가와의 대화 중에 복음을 전해야 할 시점이라는 것을 느낄 때가 있다. 목사도 그렇다. 그 친구의 질문들은 내게 '회개', '속죄', '십자가'를 말해 달라는 요구를 하고 있었다. 술병이 10개를 넘어가고, 오뎅탕이 안주로 끓어 가고, 사방이 술판으로 와자지껄한 이곳에서 말이다. 분명히 주님은 복음을 전하라고 말씀하시는 듯했다. 그러나 상황은 너무 아니었다. 여긴 교회가 아니라 술집 아닌가! 속으로 기도했다.

'주님, 오늘은 그냥 전도 안 하고 집에 가게 해주세요. 목사가 지금 술집에서 이게 뭐 하는 짓인가요. 너무 피곤해요. 내일 주일 예배 설교해야 하는데!'

그날은 토요일 밤이었다.

술집에서
교리 질문을 던지다

분위기가 소란스러워서, 간단히 복음을 전했다. 내가 아는 전도 문장들을 몇 가지 설명했다.

"우리는 죄인이다. 예수님이 십자가에 우리 죄를 대신해서 죽으셨다. 믿으면 구원받는다. 용서받지 못할 죄는 없다. 남에게 말할 필요 없다. 예수님께 고백하면 된다. 죄를 지어도 너의 삶을 용서하시고 인도해 주신다."

그런데 뭔가 겉도는 느낌이었다. 그건 이미 내가 친구들에게 다섯 번은 넘게 말했던 이야기였다. 안 되겠다 싶어서, 한 가지 질문을 던지고 내가 주도적으로 대화를 이끌어 나가기 시작했다. 그것은 교리와 관련된 심오한 질문이었다.

"내가 말한 것을 다 이해했는지 한 가지 질문을 던져 볼게. 내가 한 말이 정확히 맞는지, 틀린지 ○×로 답해 봐. '회개하면, 예수님은 나를 용서해 주신다!' 이 말이 정확히 맞는지, 틀린지 말해 봐."

회개와 용서의 선후 관계에 대한 교리적인 질문이었다. 나는 분명히 예수님의 십자가를 의지하여 회개하면 용서받는다고 조금 전에 말했다. 답을 이미 알려 준 셈이다.

"맞는 거 아냐?"

몇몇 친구들이 답했다. 나는 "맞아? 진짜 맞아?" 하며 추궁했다. 친구들이 머뭇거리기 시작했다. 그래서 한마디 더 했다.

"잘 생각해 봐. 너희들이 아직 예수님을 안 믿잖아. 그럼 이론적으로 아직 회개를 안 한 거잖아? 그런데 너희들이 회개하기 '전에' 예수님이 이미 십자가에 돌아가셨단 말이야. 그걸 기억하면서 다시 대답해 봐. 너희들은 아직 회개를 안 했어. 예수님은 이미 돌아가셨고."

회개하면 용서받는가

맞는지, 틀린지 정확히 대답해 보라. 이 책을 읽고 있는 당신에게 내가 묻고 있는 말이다. 회개하면 용서받는가? 맞다. 그런데 틀렸다. 교리를 이해하려면, 복음을 이해하려면 순서를 바꾸어야 한다. 내가 언제 회개할 수 있는가? 예수님이 나를 거듭나게 하셔서 그분의 십자가를 이해하게 하실 때 가능한 것이다. 용서받았기에, 회개가 되는 것이다. 십자가의 용서를 깨달은 사람만이, 회개할 수 있는 것이다. 나의 회개가 먼저인가, 그리스도의 용서가 먼저인가? 그리스도의 용서가 먼저다. 회개가 먼저인가, 거듭남이 먼저인가? 거듭남이 먼저다.

회개하는 것은 이미 용서가 깨달아진 자, 십자가의 의미가 깨달아진 자의 반응일 뿐이다. "회개해야 구원받는다"는 말은 표면적으로 맞다. 무슨 말인지도 다 이해한다. 난 이단 목사가 아니다. 그런데 그 말의 의미를 다시 생각해 보자. 그 의미를 알려면, 순서가 바뀌어야 한다. 구원받은 자만이, 회개할 수 있는 것이다.

"와, 나 울 것 같아"

홍대 술집에 성령이 임하신 순간이었다. 나는 그 순간을 아직도 잊지 못한다. 모든 테이블에서 고성방가가 벌어지고 있었다.

"우리가 회개하기도 전에, 사실 예수님은 나와 너를 이미 용서해 주신 거야."

이 말을 하는데, 우리 테이블만 조용해졌다. 모두가 몇 초간 나를 말없이 쳐다보고만 있었다. 회개해야 용서해 주시는 것이 아니었다. 예수님은 내가 회개하기 이전에 이미 십자가에서 내 죄를 용서해 주셨다. 내가 지금 술집에 있지만, 이미 나를 용서해 주셨다.

이 말이 무언가 그들에게 충격이었던 것 같다. 그들이 하나님께 가지 못하고 있었던 죄책감이 그 친구들의 마음에서 떨어져 나가는 느낌이었다. 술자리에서 예수님이 내 친구들을 부르고 계신 것 같았다. 한 친구가 말했다.

"와, 나 울 것 같아."

친구들은 술을 마시다 말고, 같이 기도했다.

삶과 연결되는 교리

이 책은 단순히 교리를 상세하게 설명하는 책이 아니다.

신학자들과 교단들 사이에 교리의 차이점을 비교, 설명하는 책도 아니다. 그것은 나보다 훨씬 탁월하신 신학자들과 연륜 있으신 목회자들이 하고 있는 일들이다.

이 책은 교리를 삶과 연결시키는 책이다. 교리가 없이도 신앙생활을 어느 정도 할 수 있다. 나도 그 말에 공감한다. 충만한 예배를 드리고, 필요가 생기면 가끔 기도하며, 주님의 말씀을 지키려고 노력하는 것이 신앙생활의 대부분 아니겠는가. 그렇다 보니 교리를 공부하는 것은 지식을 탐구하는 자들의 취미생활일 뿐이라고 여기는 사람들을 많이 보았다. 그들은 이렇게 주장하곤 했다.

"나는 교리 공부 없이 십자가만 바라보며 30년을 신앙생활 했어!"

반대로, 교리의 엄밀함을 추구하는 신앙인들도 많이 만나 보았다. 그들이 모인 교회에서는 매번 교리 관련 세미나가 열린다. 성도들이 두꺼운 책을 들고 다닌다. 모 교회에서는 목사인 나도 아직 읽지 않은 책을 그 교회 성도들이 읽는다기에, 그 교회로 부임하지 않은 것을 하나님께 감사했던 적마저 있다.

신앙인들의 교리를 향한 열정을 결코 폄하하고 싶지 않

다. 그런데 교리를 지적으로 탐구하는 성도들을 만나면서 느꼈던 아쉬움이 있다. 교리 지식은 정밀하고 충만한데, 그 교리가 변화시키는 삶의 모습은 빠져 있다는 것이었다. '칭의' 교리의 정의를 외운 성도와 '칭의'라는 단어조차 모르는 성도의 차이는 무엇인가? 칭의를 '설명'할 수 있다고 해서, 칭의를 '살아 낼' 수 있게 되는 것은 아니다. 삶의 적용을 위해서는 교리에 기반하여 삶에 다리를 놓아 주는 책이 필요하다고 느꼈다.

**내 삶과
어떤 관련이 있는가**

이 책은 개척한 한사람교회에서 했던 교리 설교들을 새롭게 정리한 책이다. 우리 교회에는 서울에서 성공을 향해 뛰어가는 젊은 친구들이 있다. 자격증 취득을 위해, 투자 성공을 위해, 승진을 위해 목사보다 열심히 사는 성도들이다. 그래서 체계적인 교리를 가르쳐 보려 했다. 지적인 깊이가 있는 성도들이니까 쉬울 줄 알았다. 기존의 전통적인 교리 교육을 시도하려고 했는데, 예상과 달리 실패했다.

그들의 질문은 약간 달랐다. 교리 자체를 알고 싶어 하는

게 아니었다. "요즘 누가 교리를 숨겨 놓는가? 교리가 고상한 학문인가? 책만 몇 권 읽어도 스스로 다 공부할 수 있다"며, 그것을 굳이 가르쳐 주지 않아도 된다고 했다. 책을 스터디하고 싶은 것이 아니었다. 그들은 이렇게 물었다.

"이 교리 공부가 내 삶과 어떤 관련이 있나요?"

지금 내 삶과 관련 없는 일이라면, 공부 자체는 굳이 목사님과 할 필요가 없다는 말이었다. 그들은 지식을 찾고 있지 않았다. 신앙 지식의 적용을 물었다. 거듭남이, 성화가, 칭의가, 부르심이 과연 지금 내가 살아가는 내 삶에 어떤 시각의 변화, 행동의 변화, 사고의 변화를 가져오냐는 물음이었다.

이 책은 교리와 삶의 연결을 시도하는 책이다. '구원의 서정'(The Order of Salvation)과 관련한 핵심적인 교리들을 선별하여 소개할 것이다. 다만, 이 책의 핵심은 교리의 설명에 있지 않다. 그 교리의 핵심을 이해할 때, 그것이 삶의 어떤 주제들과 연결될 수 있는지를 다룬다. 교리의 핵심을 깊이 이해하면, 실제 삶의 문제들을 해석하고 해결해 나가는 능력이 바뀔 수 있음을 보여 줄 것이다.

회개하면, 용서받는 게 아니다. 용서하신 그리스도 앞에서, 회개하게 되는 것이다. 이 작은 교리의 차이는 술집에 앉은 남자들 앞에서도 위력을 발휘했다. 술집에서도 적용되는 것이 교리라면, 당신의 삶에도 작은 변화의 물결을 일으킬 수 있으리라 믿어 의심치 않는다.

교리(doctrine)

종교상의 신조(信條)나 그 교파가 추구하고 가르치는 교훈의 핵심을 말한다. 특히, 신학에 있어서 교리란 종교적 체험의 이론적인 부분을 총칭하는 말이다. 이는, 이성적으로 이해된 믿음을 신앙 공동체가 옹호함으로써 신앙에 대한 주요한 통찰을 개념화하는 과정을 말한다.

구원의 서정(The Order of Salvation)

'구원의 순서'라고도 한다. 구원의 서정은 시간적 순서라기보다 논리적 순서로 보아야 한다.

* 『교회용어사전』(생명의말씀사)

부르심 (calling)

: 하나님께서 인간을 구원의 길로 부르시는 행위 혹은 하나님께서 구원받은 자에게 특별한 사명을 맡기기 위해 부르시는 행위.

* 『교회용어사전』(생명의말씀사)

1

[**부르심**]
엄마가 부르지 않는 아이

구원의 서정

사람이 예수 그리스도를 통해 하나님과의 관계가 회복되고 구원을 받는 과정을 체계적으로 정리한 것을 '구원의 서정(序程)'이라고 한다. '서정'이라는 한자를 자세히 살펴보면 '차례 서'(序), '길 정'(程)을 사용한다. 우리가 구원을 받게 되는 논리적인 차례, 논리적인 여정을 다룬다는 말이다. 요즘 사용하는 말로, 구원의 '순서'나 구원의 '여정'이라고 편하게 이해해도 좋다.

순서가 메시지다

구원을 받는 과정을 이해하는 것이 중요한 이유가 무엇

인가? 그 순서 자체가 구원의 핵심, 복음의 정수를 담고 있기 때문이다. 한마디로 말해, 순서가 메시지다. 그래서 처음 구원을 경험하고 정리하는 사람뿐만 아니라, 이미 구원의 확신이 있은 지 오래된 사람도 구원의 서정을 다시 묵상할 필요가 있다. 그 순서 속에서 복음의 핵심이 드러나고, 이미 받은 구원의 감격을 삶에서 충만히 누릴 수 있게 된다.

직장인들은 연말 시상식과 같은 직원 다수가 참여하는 행사 기획을 맡아 본 적이 있을 것이다. 행사 장소에서 가장 중요한 것이 무엇인 줄 아는가? 좌석을 순서대로 배치하는 일이 그렇게 중요하다. 회장 옆에 대리가 앉을 수 없다. 그렇게 배치하면 바로 잘릴 각오를 해야 한다. 대리 다음에 과장을 건너뛰고 차장으로 가면 안 된다.

행사 진행도 마찬가지 아닌가? 연예대상 시상식을 보라. 여러 방송사 국장들이 나와서 수상자 이름을 부르다가 마지막 대상 시상 때에는 꼭 방송사 사장이 나온다. 왜 그러한가? 사장이 가장 중요한 사람이라는 말이다. 사람들은 그것을 순서로 표현한다. 순서 그 자체가 중요한 메시지를 전달할 때가 있다.

'순서가 메시지'라는 말을 이제 이해할 수 있겠는가? 구원을 받았다고 순서를 대충 얼버무리면 안 된다. 행사 안에 순서를 뜯어보면 무엇이 중요한지, 다음 후계자가 누구인지다 보인다. 구원도 순서를 뜯어봐야 한다. 그러면 하나님의 사랑이 어디에 숨겨져 있는지, 왜 이것을 먼저 말하는지 이해되면서 구원 전체가 새롭게 다가온다.

구원의 서정의 출발, 부르심
- 엄마가 부르지 않는 아이

작곡가 유희열은 어렸을 때 종로구 청운효자동 골목길에서 살았다고 한다. 어머님이 밤늦도록 일을 하셨는데, 저녁에 친구들은 다 집에 들어가고 혼자 남아 있는 경우가 많았다고 한다. 그는 자신의 모습을 이렇게 추억한다.

"해가 질 때까지 우리는 참 열심히도 뛰어놀았다.
어둠이 짙어지고, 'OO야, 밥 먹어라!'
담장 너머로 목청껏 부르는 엄마 목소리가 들려오면
친구들은 하나둘 집으로 돌아갔다.
그렇게 나 혼자 이 어두운 골목에 덩그러니 남겨졌다.
나를 불러 주는 사람은 아무도 없었다.
어머니가 밤늦도록 일을 하셨기 때문이다."[1]

어두운 골목에 있는 이 아이가 할 수 있는 일은 무엇인가? 아무것도 없다. 들어와서 얼른 밥 먹으라고, 엄마가 그를 불러 주지 않으면 그냥 골목에 덩그러니 혼자 남아 있을 수밖에 없는 것이다.

구원의 서정에서 왜 처음으로 '부르심'을 소개하는가? 우리의 삶도 마찬가지이기 때문이다. 만약 나를 창조하신 존재가 있는데 그 존재가 나를 불러 주지 않으신다면, 나는 세상에 왜 왔는지도 모르고 그냥 공부하고, 돈 벌고, 목적 없이 덩그러니 남겨진 존재가 된다.

쉽게 말해, 이 땅에서 믿지 않는 사람들은 아직 하나님의 부르심을 경험하지 못한 사람들이다. 부르심을 경험하지 못했다고 해서 죽는 것은 아니다. 놀이터에서 노는 것과 같이 삶의 특정한 영역에서 즐거움과 보람을 느끼기도 한다. 그러나 어느 순간 놀이터에 사람들이 사라지고, 인생에 배고픈 느낌이 들기 시작한다. '내 삶은 어디로 와서, 어디로 가는지, 어디에서 의미를 찾을 수 있는지'를 고민한다.

성경은 그 번민이 그치는 시점을 이야기하고 있다. 사람은 번민을 스스로 멈출 수 없다. 자신을 창조하신 존재가 자신의 이름을, 자신의 삶을 불러 주셔야 한다. 하나님이 불러 주실 때, 번민이 그치고 새로운 영적인 삶을 시작할 수 있는 것이다. **부르심이란 내가 하나님을 믿을 수 있도록 하나님이 먼저 나의 마음을 여시는 일이다.** 그래서 부르심은 구원의 출발이다.

부르심을 입은 자의 변화 1. 효력이 있는 삶

자기계발과 성과 중심의 시대 속에서는 목표가 중요하다.

"올해 매출 목표를 달성했는가?"
"이번 학기 성적이 원하는 대로 나왔는가?"

목표를 달성하는 것은 좋은 일이지만, 그것이 현대인들을 힘들게 만든다. 목표에 숨겨진 단어가 있기 때문이다. 목표는 성공할 수도 있지만, **목표에는 실패의 위험도 함께 존재한다.**

하나님은 우리 삶에 목적을 가지고 계시다. 그러나 그 목적에 함께 주어지는 보장이 있다. 하나님이 우리 삶에 계획하신 목적은 우리의 능력에 성취 여부가 달려 있지 않다는 것이다. 하나님이 직접 계획하시고, 하나님이 직접 이루신다. 그래서 하나님이 한번 계획하시면, 무조건 효과(effect)가 나타나게 되어 있다.

효력 있는 부르심

효과가 무엇인가? 결과가 나타난다는 말이다. 하나님이 말씀하시면, 무조건 성공적인 결과가 나타나게 되어 있다는 것이 성경의 약속이다. 그래서 하나님의 부르심은 그 성취를 보장한다는 뜻을 강조하기 위해 신학자들은 '부르심' 앞에 '효력'이라는 말을 붙였다. 즉 '효력 있는 부르심'(effectual calling)이라고 표현한다. 왜 그런가? 하나님이 부르셨다면, 그 말은 분명히 효과를 보장하기 때문이다.

우리 교회에 함께 사역하는 목사님이 계시다. 내가 "목사님, 잠깐 저에게 와 주시겠어요?"라고 말할 때 그 목사님이 바로 오신다면, 나의 말이 효과를 낸 것이다. 그런데 와 달라고 아무리 외쳐도 들은 척도 하지 않으신다면, 무언가 문제가 생긴 것이다. 내 말이 효과를 내지 못한 것이다.

하나님의 부르심도 마찬가지다. 하나님의 부르심은 예외가 없다. 무조건 효과를 낸다. 내 삶이 하나님이 부르신 것이 분명하다면, 효력이 보장된 삶이다. 그 약속이 로마서 8장 30절에 이렇게 기록되어 있다.

"또 미리 정하신 그들을 또한 부르시고 부르신 그들을 또한 의롭다 하시고 의롭다 하신 그들을 또한 영화롭게 하셨느니라"(롬 8:30).

신학자들은 이 구절을 주석하면서 '부르다'라는 말에는 분명한 효력이 보장되어 있음을 이렇게 설명한다.

"이 구절에서 '불러'라는 말은 단순히 거부할 수도 있고 받아들일 수도 있는 복음의 초청만을 의미할 리가 없다. … 효력 있게 부르심을 받은 모든 사람은 믿음과 회개를 통해 반드시 하나님께로 돌이킨다." - 앤서니 후크마(Anthony A. Hoekema)[2]

"하나님이 부르실 때, 그 부르심은 반드시 유효한 결과를 낳는다. …유효한 부르심이란 부르심의 결과가 실패 없이 반드시 의도된 대로 성취된다는 의미에서 유효하다는 뜻이다. … 유효한 부르심은 저항할 수도(irresistible), 뒤집힐 수도 없고(irreversible), 깨어질 수도 없는(invincible) 연합을 말한다. … 부르심이 유효한 것은 그 결과가 아직 미완성으로 남아 있는 부분이 있어서 점차적으로 완성이 되어야 하거나, 두고 봐야 알 수 있는 식의 어떤 여지도 부정한다." - 강웅산[3]

하나님이 목적을 가지고 내 삶을 부르셨음을 믿는가? 그러면 그분의 뜻대로 살지 못해서 실패한 인생이 될까 봐 두려워하지 않아도 된다. 내가 실패하더라도, 하나님은 그분의 신적인 능력으로 내 삶에 계획하신 모든 목적을 성취하신다.

효력 있는 부르심 vs 내 마음대로 살기

만약 하나님이 내 삶의 목적을 이루실 것을 보장하신다면, 당연히 인간적인 질문이 생긴다.

'하나님이 무조건 이루실 테니, 나는 내 마음대로 살아가도 되는 것 아닐까?'

결코 그렇지 않다. 효력 있는 부르심의 교리를 진정으로 믿는 신자는 삶에서 마음대로 사는 것과 정반대의 결과를 나타낸다. 방탕함이 아니라 순종에 집중하는 삶을 산다. 결과가 보장되어 있다는 효력 있는 부르심의 교리를 깊게 믿을수록, 아무리 어렵고 실패한 삶 중에도 열정이 새롭게 생길 수 있다.

효력을 믿는 열정

왜 효력 있는 부르심이 열정을 불러일으키는지 예를 들어 설명을 해보겠다. 몇 년 전, 개척한 교회에서 설교 중에 소화가 잘 되지 않아 고생했던 회사 팀장님을 소개한 적이 있다. 그분이 오랜 고민과 연구 끝에 청국장 가루를 사서 요구르트에 타서 마시면 소화 기능이 급격하게 회복된다는 것을 경험한 후 그것을 실행했다는 이야기였다.

그 설교를 하고 약 4년이 지난 최근, 교회의 한 형제를 심방했다. 요즘 하나님 말씀에 순종하는지 간접적으로 물어볼 생각이었다. 그런데 그 형제는 그런 이야기는 안 하고, 갑자기 나에게 고마움을 표현하기 시작했다. 무엇이 그렇게 고맙냐고 물으니 대답이 충격적이었다.

"목사님이 몇 년 전에 설교에서 소개해 주신 이야기 있죠? 청국장 가루를 요구르트에 타 먹는 이야기요. 제가 장이 좋지 않았거든요. 예배 중에 저는 그게 하나님이 제게 주신 응답이라고 생각했어요. 그대로 하면 분명히 될 것 같았죠. 그래서 확신하고 그때부터 빠지지 않고 지금까지 청국장 가루를 요구르트에 타 먹고 있어요. 분명히 효과가 난다고 믿으니까, 제가 게으른 사람인데 정말 열심히 먹게 되더라고요. 지금은 예전보다 장이 훨씬 좋아졌습니다. 감사해요, 목사님!"

말씀에 대한 순종이라기보다 지나가면서 이야기했던 예

화에 대한 순종이라서 김이 빠지긴 했지만, 난 그때 깨달았다. **효력이 있다고 믿으면 방탕하게 살 수 없다는 것을! 효력이 있다고 믿으면 실행하지 않을 수 없다는 것을!** 효과가 나타난다는 것을 확실하게 믿을수록, 상황을 분석하고 따지며 기회를 기다리기보다 당장의 순종에 열정적으로 달려들게 된다. 무조건 효과가 날 것을 믿기 때문이다.

부르심을 입은 자의 변화 2. 자격이 있는 삶

하나님이 부르셨기에, 내 삶의 자격은 나로부터 생기지 않는다. 내가 아무리 선하게 살았어도, 혹은 그 반대로 아무리 악하게 살았어도, 그것을 근거로 하나님이 나를 부르시는 것이 아니다. 하나님 마음대로 나를 부르신다. 하나님의 부르심을 믿으면, 내가 살아왔던 이전의 경력, 이전에 지었던 죄, 이전의 성실이 내 삶에 자격을 부여하는 것이 아님을 깨닫게 된다.

많은 신앙인이 자신이 구원받을 수 있었던 이유를 나열한다. 부모님이 훌륭한 신앙인이셨다거나, 자신이 교회를 다니진 않아도 평소에 성경을 많이 읽었다거나, 예수님은 믿지 않지만 기독교적 세계관에 동의하는 부분이 많았다는 식이다. 만약 하나님이 사람 속의 자격을 근거로 사람을 골라서 부르신다면 그 설명이 맞지만, 하나님은 전혀 그렇게 말씀하지 않으신다.

다시 생각해 보라. 하나님이 누구를 부르셨는가? 부모님이 예수님을 믿으시는 사람인가? 어려서부터 교회에 다닌 사람인가? 그렇지 않다. 하나님이 부르신 사람, 하나님이 택하신 사람만이 거듭나게 된다. **하나님은 내 안에 있는 것을 근거로 나를 부르지 않으셨다.** 인간적인 환경은 이차적이며 간접적인 구성일 뿐이다. 성경을 읽어도 하나님을 대적할 수 있고, 선하게 살아도 하나님을 모를 수 있다.

부르심 교리의 특징을 이해할 때에만 겸손한 신앙생활이 가능하다. 자신만의 기준을 근거로, 예수님을 믿지 않는 사람들 앞에서 우월함을 느끼거나 상대를 정죄하지 않게 된다. 내 속에 있는 요소가 아니라, 하나님 안에 있는 나를 향한 사랑과 계획이 나를 거듭나게 만들었기에 나의 삶과 나의 가진 것이 모두 주님의 것임을 자유롭게 고백하게 된다. 나 또한 주님이 불러 주지 않으셨다면 버려진 존재가 될 수밖에 없었다고 인정하게 되는 것이다.

극심한 죄와 방탕에 **빠졌던 사람들도 마찬가지다.** 중독에 빠지고 하나님이 싫어하시는 죄를 지었던 사람일수록 예수 그리스도를 믿고 나서도 죄책감에서 벗어나기를 어려워한다. 삶에 나쁜 일이 생기면 '하나님은 어려서부터 신앙생활을 했던 사람보다는 나를 덜 사랑하시나 봐'라는 착각에 빠진다. 하나님이 부르시는 근거를 사람 안에서 찾아서 그렇다. 나로부터 출발하면 안 된다. 나의 자격은 오직 하나님으로부터 시작하는 것이다. 거듭남과 부르심의 교리는 내가 살아갈 자격의 근거를 하나님께만 두게 만든다.

한 치 앞이 보이지 않을 때

내가 부르심을 받은 존재라는 것을 깊이 묵상하면, 그 믿음이 실제로 고난을 이기게 만든다. 『삿포로의 빛나는 십자가』라는 책을 쓰신 이수구 선교사님의 이야기를 소개하겠다.

선교사님은 싱가포르에서 영어 훈련을 받고, 인도네시아 선교를 계획하다가 비자가 막히면서 전혀 계획에 없던 일본으로 하나님이 이끄신다는 것을 느꼈다. 하지만 일본의 선교 현실을 익히 들어 왔을뿐더러, 너무나 갑작스러운 계획의 변경이기에 확신하기가 어려워 주님께 사인(sign)을 구했다.

"주님, 우리가 일본으로 가길 원하신다면 일본 사람이 우리를 초청하도록 해주세요."[4]

그런데 며칠 후, 한국에 있는 선교사님의 형님에게서 소포 하나가 왔다. 소포를 열어 본 선교사님은 깜짝 놀랐다. "일본을 알자"라는 주제의 세미나 테이프가 들어 있었다. 신기하긴 했지만, 이 정도로 확신할 수는 없었다.

다시 며칠 후, 선교사님은 싱가포르 영어 학원에서 함께 수업을 듣는 요시다라는 청년을 집으로 초대했다. 요시다가 "당신은 여기서 무슨 일을 하십니까?"라고 묻자, 선교사님은 "저는 기독교 선교사입니다"라고 답했다. 이 말을 들은 요시다가 불쑥 말했다.

"저는 그리스도인은 아니지만, 일본에는 그리스도인이 적으니 당신이 일본으로 가면 좋겠네요."[5]

웃기게도 하나님은 예수님을 믿지 않는 학생을 통해 선교사님의 선교지를 확정시켜 주신 것이다. 그 청년의 대답에 선교사님은 자신의 의심을 거두고, 일본에 가면 된다는 확신을 가지게 되었다.

막상 일본에 들어가니 예상했던 대로 많은 난관이 있었

다. 그런데 그 난관을 겪으면서 분명히 알게 된 것이 있었다. 하나님은 왜 처음에 일본 선교사로 부르실 때 여러 가지 사인을 통해서 하나님의 부르심을 오랜 기간 확신하게 만드셨을까?

"선교지를 정하면서 우리가 경험한 주님의 인도하심에 대한 확신은 이후 일본에서의 선교 사역 중 한 치 앞이 보이지 않는 힘든 상황에서도 낙심하지 않고 앞으로 나아가게 해준 든든한 버팀목이 되었다."[6]

사역의 한 치 앞이 보이지 않을 때, 무엇을 붙들었다는 것인가? 여기로 이끄신 분이 하나님이 맞는지, 그 부르심만 다시 확인했다는 것이다. 하나님이 부르신 것이 맞다면, 하나님이 효과를 내실 것이 분명하기에, 아무리 상황이 어려워도 우리의 순종도 계속될 수 있다. 이것이 부르심의 위력이다.

부르심이란, 내가 하나님을 믿을 수 있도록
하나님이 먼저 나의 마음을 여시는 일이다.

거듭남(regeneration)

: 새롭게 태어남. 새사람이 됨.
성경적으로는, 죄 때문에 영적으로 죽어 있던 존재가
은혜로 새 생명을 얻어 전인격적이고
근본적으로 변화하는 것,
곧 '중생'(重生)을 말한다.

※『교회용어사전』(생명의말씀사)

2

[거듭남]
나는 태어나기로 결정한 적이 없다

'부르심'과 거의 동의어로 사용되는 단어가 '거듭남' (regeneration)이다.[1] 부르심이 '관계'의 측면에서 사용되는 표현이라면, 거듭남은 '탄생'의 관점에서 구원의 출발을 바라본 것이다. 거듭남이란 하나님이 내게 영적인 새 생명을 주셔서 하나님과 교제할 수 있도록 하시는 일이다.

왜 태어났니

 짓궂은 장난을 많이 치던 초등학생 시절, 내 생일에 한 식당에서 친구들과 생일 파티를 했다. 생일 케이크를 자르기 전에 "생일 축하합니다" 노래를 불러 주는 것이 일반적이기에 그 노래를 들을 것을 기대했다. 그런데 갑자기 친구들이 가사를 바꾸어 노래를 부르기 시작했다.

"왜 태어났니, 왜 태어났니, 인구도 많은데, 왜 태어났니."

친구들이 장난을 치는 것인지 알기에 상처받지는 않았다. 대답하라고 질문을 던진 노래도 아니었다. 하지만 성인이 되고, 조금 더 삶을 살아 보니 가끔 이 가사가 생각날 때가 있다. 나와 주변에서 벌어지는 삶에 대한 근본적인 고민을 쫓아가 보면, 이 단순한 삶의 질문에 명확하게 대답하지 못하기 때문에 계속 방황하게 된다는 것을 깨닫게 되었다.

자녀를 낳고 싶지 않은 세대

요즘 젊은 사람들을 만나 보면, 자신은 결혼을 하더라도 자녀를 낳고 싶진 않다는 이야기를 많이 한다. 이유가 매우 타당하다.

"목사님, 제가 인생을 살아 보니, 정말 살기 쉽지 않더라고요. 너무 험한 세상이고, 너무 살기도 어렵다는 것을 깨닫습니다. 앞으로는 더 어려워질 것 같아요. 그런데 그런 삶을 살아가라고 자녀를 낳는다는 것은 오히려 자녀에게 제가 죄를 짓는 일이라는 생각이 듭니다. 차라리 태어나지 않게 하는 것이 맞지 않을까요? 태어나서 불행을 느끼게 하기보다는, 태어나지 않게 하는 것이 부모의 역할이라는 생각이 듭니다."

언뜻 들으면 다 맞는 말 같다. 그러나 이 말속에는 잘못된 전제가 숨겨져 있다. 내가 살아가야 할 바깥세상의 무게에 따라서 내 삶의 존재 가치도 달라진다는 것이다.

이 세상을 살아가기 위해 필요한 돈의 무게는 너무 무겁다. 그와 반대로 내 지갑은 너무 가볍다. 그 무게를 이겨 낼 수 없다면, 세상에서 살아간다는 것은 무의미할 뿐이다. 세상에서 요구하는 능력은 너무 크다. 그런데 나의 능력은 너무 작다. 경쟁해 봐야 맨날 밀릴 텐데 뭐 하러 삶을 살아가는가? 경쟁에서 이기지 못한다면 내 삶은 가치가 없는 것이다. 여자 친구와 결혼하고 싶지 않다. 난 해줄 수 있는 게 없다. 서로 힘들어할 바에야 각자 갈 길을 가는 것이 낫지 않을까? 무게 때문에 사랑을 포기한다.

출산도 마찬가지다. 자녀에게 많은 것을 해줄 수 있는 부모라면, 그 아이는 태어날 가치가 있다. 그러나 나는 그런 것을 해줄 자신이 없는 부모이기에, 아이는 태어날 가치가 없다고 생각하는 것이다.

빠진 것이 보이는가? 그렇다. 부모와의 관계가 빠졌다. 관계로부터 오는 사랑의 힘이 빠졌다. 출산을 이야기할 때 사람들은 자녀가 이 세상에서 맞닥뜨릴 시련과 고난의 무게만 이야기한다. 그 자녀가 누릴 수 있는 가장 큰 무게, 가장 큰 기쁨은 빠져 있다. 그것이 무엇인가?

부모를 만나는 바로 그 자체다. 부모와 눈을 맞추고, 부모와 함께 울고 웃는 그 관계 자체다. 모든 환경의 어려움을 이기게 만드는 부모와의 절대적인 관계 그 자체다. 그것이 선물이다. 그 사랑에 대한 충만함이 부모 안에서 먼저 사라져 버리니, 세상에서 자녀가 감당해야 할 무게를 방패 삼아 자녀를 갖는 기쁨을 누리지 못하는 것이다.

부모는 자녀를 왜 태어나게 하는가? 왜 자녀는 부모를 '통해' 태어나야 하는가? 자녀와 행복한 관계를 누리기 위함이 일차적인 목적이다. 이 세상의 모든 자녀는 태어나기로 결정한 적이 없다. 부모가 그 모든 것을 결정한다.

거듭남이란 무엇인가

부모와 자녀 사이의 이 원리를 이해할 때, 우리는 하나님과 사람의 관계의 출발이 되는 거듭남도 이해할 수 있다. 요한복음 3장에는 니고데모라는 유대인 지도자가 나온다. 예수님께 이런저런 관심을 보이는데, 예수님은 대화 도중에 갑자기 "네가 거듭나야 한다"고 말씀하셨다.

> "예수께서 대답하여 이르시되 진실로 진실로 네게 이르노니 **사람이 거듭나지 아니하면 하나님의 나라를 볼 수 없느니라**"(요 3:3).

'하나님의 나라를 본다'는 것은 '하나님과 관계 맺는 존재'가 된다는 말이다. 하나님의 나라를 보려면 맨 처음 일어나야 할 일이 거듭나는 일이라는 뜻이다. **거듭남**(born again, regeneration)**이란 영적인 생명이 태어나는 것이다.** 사람에게는 육체의 생명과 영혼의 생명이 있다. 하나님과 관계 맺지 않는 사람들은 육체의 생명은 살아 있으나 영혼의 생명은 죽어 있다. 죽어 있는 나의 영적인 생명이 태어나는 것이 바로 거듭남이다. 육체의 탄생으로부터 내 삶이 출발하듯이, 영적인 삶도 영적인 탄생인 거듭남으로부터 시작해야 한다.

나는 영적으로 어떻게 태어나는가

니고데모는 예수님께 어떻게 영적으로 다시 태어날 수 있는지 물었다. 예수님은 육체의 생명이 태어나는 방식과 동일하다고 쉽게 대답하셨다.

"예수께서 대답하시되 진실로 진실로 네게 이르노니 사람이 **물과 성령으로 나지 아니하면** 하나님의 나라에 들어갈 수 없느니라"(요 3:5).

'물과 성령으로 난다'는 말이 무슨 뜻인가? 쉽게 말해, **하나님이 직접 태어나게 하신다**는 의미다. 바로 여기에 거듭남 교리와 관련한 중요한 통찰이 있다. 나는 태어나기로 결정한 적이 없다는 것이다. 자녀를 낳을 때 자녀가 할 수 있는 일은 하나도 없다. 오로지 부모가 알아서 한다. 영적인 탄생도 마찬가지다. 거듭남은 인간의 어떤 노력이나 상태에 따라 그 탄생이 결정되는 것이 아니라, 오로지 하나님이 주권적으로 행하시는 일이다.

예수님의 대답을 정리하면 이런 것이다.

"네가 육체적으로 어떻게 태어났느냐? 아마 너의 부모가 모든 것을 결정했을 것이다. 네가 할 수 있는 일이 아무것도 없었을 것이다. 마찬가지다. 네가 할 수 있는 일이 없다. 너의 영적인 부모가 하는 일이다. 내가 너를 다시 태어나게 한다!"

거듭남의 핵심: 사람은 할 수 없다

거듭남과 부르심의 교리 속에서 공통적으로 깨닫게 되는 것이 있다. **사람은 아무것도 할 수 없고, 오직 하나님만이 하실 수 있는 일이라는 것이다.** 신앙생활 중에는 사람이 직접 살아가며 하나님의 사역에 참여하는 일이 많이 있지만, 거듭남과 부르심에서만큼은 사람이 들어설 자리가 조금도 없다. 이 중요한 특징을 개혁주의 신학자 앤서니 후크마는 이렇게 표현한다.

> "우리는 스스로 태어나기로 결정하지 않았다. 우리는 우리가 태어나는 일과 아무런 관계가 없었다. 우리는 우리의 자연적 탄생에 있어 완전히 수동적이었다. 우리의 영적인 탄생에 있어서도 마찬가지다. …거듭남은 하나님과 인간이 협력하는 행위가 아니라 하나님 홀로 하시는 일로 이해해야 한다."[2]

거듭난 자의 두 가지 변화

하나님만이 거듭나게 하신다는 사실은 우리의 삶을 구체적으로 변화시킨다. 거듭남은 (1) 내 삶이 목적 중심으로 변화되게 만들고, (2) 타인을 바라보는 시선을 완전히 변화시킨다.

거듭난 자의 변화 1. 목적 중심의 삶

성경은 거듭남의 교리를 늘 창조와 연결시킨다.

"그런즉 누구든지 그리스도 안에 있으면 **새로운 피조물[창조]**이라 이전 것은 지나갔으니 보라 **새것이 되었도다[거듭남]**"(고후 5:17).

왜 거듭남과 창조가 함께 나오는가? 우리가 영적으로 태어난 것이 우연이 아니라, 하나님이라는 살아 계신 존재가 주권적으로 하신 일이라면, 우리의 삶에는 하나님이 의도하신 목적이 수반되는 것이 당연하기 때문이다.

나는 지금까지 내가 이 세상에 우연히 존재한다고 생각했었다. 어쩌다가 이 회사에 와서 일하고, 어쩌다가 이 사람을 만나서 이렇게 사는지 나도 이유를 몰랐다. 그렇다 보니 세상이 정해 주는 목적을 따라갔다.

"여기서는 돈을 많이 벌어야 해."
"그 나이쯤 되면 집은 하나 있어야 해."

"이런 대학 나오지 않으면 아무 소용없어."

세상이 정해 주는 기준이 내 삶의 목적이었다. 그리고 그 목적은 세월이 지나며 끊임없이 바뀌어 갔다.

그러나 하나님이 나를 주권적으로 창조하셨다면, 육체와 영혼 모두가 영원한 목적을 가지고 있음을 믿을 수 있게 된다. 의미 없이 태어난 존재는 한 사람도 없다. 하나님은 심심해서 우리를 창조하지 않으셨다. 삼위일체 하나님과 영원히 교제하는 즐거움을 주시기 위해 우리를 창조하셨다. 그렇다면 나는 거듭남과 동시에 삶의 방향성이 있는, 목적이 있는 존재가 된다.

목적이 만드는 옳고 그름

내가 영적으로 새롭게 태어난 존재라는 것을 받아들이는가? 그러면 신앙생활의 첫걸음을 떼기 전에 인정해야 할 것이 있다. 나는 내 삶의 목표를 마음대로 정할 수 없다. 하나님의 목적에 따라 내 삶의 방향성을 새롭게 설정해야 한다.

현대 시대를 분석하는 연구자들 중 우리가 사는 시대를 '정의주의'(emotivism)의 시대라고 말하는 이들이 있다. 우리에게 좀 더 와 닿게 표현하자면 '감정주의'다. 사람은 모두 삶을 살아갈 기준이 필요하다. 예전에는 그것이 하나님이었다. "하나님이 그 행동을 싫어하셔!"라거나, 하나님을 믿지 않더라도 "하늘에서 천벌이 내릴 거야!"라는 말을 사용했다. 그러나 계몽주의 이후 삶에 도덕의 기준인 하나님이 사라졌다. 그리고 새로운 기준이 생겼다. 그것이 '감정'이다. '옳고 그름'이 '좋고 싫음'으로 바뀐 것이다.

왜 그 행동을 해야 하는가? 옳아서가 아니라, 내가 기분이 좋아서 그렇다. 왜 그 행동을 안 하는가? 그냥 내가 하기 싫어서 그렇다. 모든 사람이 내가 생각하기에 기분 좋고, 하고 싶은 일만 하면서 산다는 것이다. 그렇다 보니 누군가에게 "너의 행동은 틀렸어!", "그렇게 살면 안 돼!"라고 말할 근거가 없어졌다. 모두가 자신의 행동을 이렇게 결정한다.

"이렇게 살 거야. 내가 기분 좋으니까."
"저건 그냥 하기 싫어. 느낌이 안 좋아."

좋은 시계와 나쁜 시계

어떤 시계가 좋은 시계인가? 디자인이 좋은 시계, 가벼운 시계, 크기가 작은 시계 등 사람들마다 선호가 다양하다. 그러나 중요한 전제가 빠져 있다. **시계에는 분명한 목적이 있어야 한다**는 것이다. 디자인이 좋다고 좋은 시계가 될 수 없다. 시계의 목적은 시간을 나타내는 것이다. 현재 시간을 정확히 나타내지 못하면 그것은 좋은 시계라고 할 수 없다. 시계는 목적이 있을 때 좋은 것과 나쁜 것이 있음을 구별할 수 있게 된다. 브래드 칼렌버그(Brad J. Kallenberg) 교수는 정의주의를 주장했던 알래스데어 매킨타이어(Alasdair MacIntyre)의 『덕의 상실』이라는 책의 핵심을 소개하며 다음과 같이 설명한다.

"우리가 만약 '이 시계는 무엇에 쓰이는 물건이지?'라고 물을 때, 평범한 대답은 '시간을 확인하기 위한 것이지'일 것이다. …이 시계의 목적은 시간을 확인하는 것이다. 다른 말로 하면, 시계는 기능적으로 시간을 나타내도록 설계되어 있다고 할 수 있다. **이 목적을 알 때에만** 우리는 정확하지 않은 시계를 보고 '나쁜 시계'라고 말할 수 있다. …목적이 있어야 시계에게 의무를 명령할 수 있다. '시계는 시간을 잘 나타내야만 하는 거야.'

계몽주의는 인간의 삶의 목적과 시작을 거부하기 때문에, 말 그대로 인간은 '자율적인 개인들'일 뿐이며, 모든 도덕을 잃어버리게 된다. 목적을 거부했기 때문에, 유일하게 남은 옵션은 인간 본성에 모든 도덕의 원리를 맡기는 것뿐이다."[3]

목적대로 살지 않으면 부서진다

현대인들은 삶의 목적을 이야기하면, 특정한 삶의 방식을 강요받는 것 같아서 반발심을 갖는다. 그러나 목적대로 사는 것은 단순한 강요가 아니다. 정말 목적이 있다면, 목적을 벗어나서 살아갈 때 우리 삶이 부서져 버린다.

한 아이가 부모의 비싼 시계를 손에 쥐었다. 아담하고 크기가 적당해서 시계를 공처럼 던지며 놀았다. 시계는 부서졌다. 왜 부서졌을까? 목적대로 살지 않았기 때문이다. 많은 사람이 기독교에서 "이렇게 살아야 한다", "이것은 하나님이 금하신 것이다"라는 말을 듣기 싫어한다. 억압이라고 느끼기 때문이다. 그러나 목적을 이해하면 이제 받아들일 수 있다. 하나님이 주신 명령은 억압이 아니라, 목적대로 살아가면서 우리가 부서지지 않도록 보호해 주기 위함이다.

성경이 말하는 몇 가지 삶의 목적들을 살펴보자. 하나님은 이 세상에서 사랑하면서 살도록 사람을 창조하셨다. 만약 그렇다면 '이웃을 사랑하는 것 따위는 필요 없고 나의 유익과 만족이 내 삶의 뜻이야'라고 생각하며 사는 사람들이 있다면, 그들은 시간이 지날수록 점점 삶이 부서질 것이다. 가족과의 관계도 파괴되고, 회사 선후배들과의 관계도 꼬일 것이다. 사랑이 내 삶에 주신 하나님의 목적이기 때문이다.

"돈만 벌면 되지, 삶에서 다른 것은 중요하지 않다"고 말하는 회사원이 있다고 하자. 돈을 벌 수 있을지 모른다. 그러나 분명히 주변의 무언가가 부서질 것이다. 건강이 부서질 것이다. 관계가 부서질 것이다. 가정이 부서질 것이다.

하나님의 말씀이 나를 억압하는 것이 아니다. 목적이 억압하는 것이 아니라, 목적을 벗어나면 오히려 부서지는 것이다. 내가 거듭났고, 주권자 하나님으로부터 창조된 존재임을 인정할 때, 목적을 따를 때 내 삶이 가장 행복해질 수 있다는 것도 받아들일 수 있다.

거듭난 자의 변화 2. 가능성을 바라보는 삶

거듭남의 교리는 주변에 변화되지 않는 사람들의 가능성을 바라보게 만든다. 부모에게 반항만 하는 자녀가 있다고 생각해 보자. 만약 사람의 재능이나 이성이 하나님의 개입하심에 조금이라도 영향을 미칠 수 있다면, 이 부모는 절망할 것이다. "하늘은 스스로 돕는 자를 돕는다"라는 속담을 떠올려 본다. 내 자녀는 전혀 스스로 돕고 있지 않다. 그러니까 하나님이 이 자녀를 싫어하시고 버리실 것이라는 걱정도 된다. 자녀에게 "네가 열심히 해야 하나님도 너를 사랑해 주실 것 아니니"라는 말로 자극을 주기도 한다.

그러나 이 말은 틀렸다. 하나님은 스스로 돕는 자를 도우시는 분이 아니다. 스스로 돕지 않는 자도 도우시는 분이다. 하나님이 주시는 구원은 사람이 어떻게 하느냐에 따라 달라지는 일이 아니다. 만약에 사람의 태도에 따라서, 혹은 얼마나 발버둥 치느냐에 따라서 거듭날 수도 있고 아닐 수도 있다면, 이것은 절망이다. 그러나 그 사람과 상관없이 하나님이 사람을 택하시고 부르신다면, 소망이 생긴다. 하나님이 개입하시기만 한다면 언제든 변화될 수 있다는 교리를 믿는다면, 내 주변에 있는 사랑하는 사람들을 향한 무한한 가능성을 품게 된다. 하나님만이 거듭나게 하신다는 교리를 신학자 헤르만 바빙크는 이렇게 표현한다.

"하나님께 닫힌 문이란 존재하지 않으며,
접근 불가능한 피조물도 없고,
열기 어려운 마음도 존재하지 않는다."[4]

지각이 없는 어린아이도

지금은 위생이나 의료 기술이 많이 발전했지만, 성경을 바탕으로 교리를 정립하던 수 세기 전에는 아이가 평범하게 태어나서 생명을 유지하기란 극히 어려운 일이었다. 아이들 대부분이 태중에서 사망하거나 태어나더라도 일찍 죽었다. 그러한 시대에 살았다고 생각해 보라. 내가 신앙을 가진 부모인데 나의 자녀가 태어나자마자 세상을 떠나는 일을 마주하게 되는 것이다. 당연히 궁금증이 떠오를 것이다.

'이 아이는 천국에 갔을까? 하나님이 구원해 주셨을까?'

우리보다 먼저 신앙을 지켰던 신자들은 바로 이 부르심과 거듭남의 교리를 붙들고 위로와 소망을 얻었다. 앞에서 거듭남이나 부르심은 사람의 재능이나 능력이 기여할 수 있는 영역이 없다고 했다. 그러므로 하나님이 택하셨다면, 유아나 영아, 심지어 태중에서 지각이 없는 아이라 할지라도 예수 그리스도를 통해 구원받을 수 있다는 말이다. 『웨스트민스터 신앙고백서』에 이와 관계된 설명이 나온다.

"『웨스트민스터 신앙고백서』 10장 3항: 선택함을 받은 어린 이들은 어려서 죽는다 하더라도 그가 기뻐하시는 때와 장소와 방법으로 역사하시는 성령을 통하여 그리스도에 의해 중생되고[거듭나고] 구원된다. 이 원리는 말씀의 사역을 통하여 외적으로 부름을 받을 수 없는 모든 다른 택함 받은 사람들에게도 동일하게 작용한다."[5]

이 교리를 정리하면서 우리보다 선배 신앙인들은 소망과 위로를 얻었다. 지적인 장애를 가진 자녀를 기르는 부모, 태중의 자녀를 잃은 이들이 예수 그리스도를 믿는다는 것을 스스로 고백할 능력이나 인지가 없는 자신의 자녀를 바라보며 얼마나 큰 소망을 가지게 되었을까. 부르심과 거듭남의 주권이 오직 하나님께 있다는 고백은 사랑하는 사람들에게 닥친 고난을 견디게 만드는 힘이 된다.

내가 태어난 흔적

자녀가 태어나면 그 아이를 낳은 부모에게는 육체의 흔적이 남는다. 자녀를 낳은 어머니의 몸은 낳지 않은 상태로 회복되기 어렵다. 그러나 그 흔적은 자녀를 낳고 기른 사랑의 흔적이 된다. 영적인 생명이 태어날 때도 흔적이 생긴다. 하나님이 내가 영적으로 태어나게 하셨다는 말을 어떻게 믿을 수 있는가? 추상적으로 믿지 않아도 된다. 우리에게는 믿을 수 있는 흔적이 있다.

사람의 부모가 자녀를 낳을 때 육체에 그 흔적이 생기므로, 만약 하나님이 우리의 영적인 부모가 되신다면 우리를 해산한 고통의 흔적을 가지고 계신지 찾아보면 된다. 요한 복음을 보면, 예수님이 십자가에 올라가시기 전에 갑자기 여성이 아이를 낳을 때 겪는 해산의 고통을 말씀하시는 장면이 나온다.

"여자가 해산하게 되면 그때가 이르렀으므로 근심하나 아기를 낳으면 세상에 사람 난 기쁨으로 말미암아 그 고통을 다시 기억하지 아니하느니라"(요 16:21).

예수님은 왜 십자가를 지러 가시기 전에 여성의 출산 이야기를 하셨는가? 예수님의 말씀은 사실 "내가 출산하러 간다! 새 생명을 태어나게 하러 간다!"는 말씀과 동일하기 때문이다. 앞서 영적인 생명을 탄생시키는 것이 거듭남이라고 했다. 바로 우리를 거듭나게 하시기 위한 일이기 때문에 여성의 출산에 자신이 맞닥뜨린 일을 비유하신 것이다. 여성이 자신의 목숨의 위험을 감수하고라도 새 생명을 낳기 위해 애쓰는 것처럼, 예수님은 십자가에서 자신의 목숨을 내놓으시며 우리를 영적으로 새롭게 태어나게 하신 것이다. 요한복음 16장 21절을 해설하며 팀 켈러는 이렇게 설명한다.

"왜 예수님은 자신의 죽음을 이야기하시다가, 갑자기 해산의 수고를 하는 여성을 이야기하시는가? …예수님의 말씀이 이제 보이는가? '너의 첫 번째 탄생은 어떤 여성이 자신의 인생을 위험에 처하게 했기 때문에 육체적 생명이 주어졌지만, 너의 두 번째 탄생은 누군가가 그의 인생을 주었기 때문에 영적이고 영원한 생명이 주어진 것이란다. 그것이 바로 나이다.'"[6)]

거듭난 자는 흔적을 남긴다

자신의 목숨을 버리시면서 우리를 태어나게 하신 예수님의 십자가 흔적이 우리 앞에 있다. 거듭난 신자는 내게 생명을 주신 분 앞에서 새로운 삶을 살아간다. 그것은 '또 다른 흔적을 남기는 삶'이다. 나를 거듭나게 하신 예수 그리스도의 십자가의 흔적을 닮아, 나도 그분을 따르는 삶의 흔적을 남기는 것이다. 그래서 바울은 자신의 삶이 예수 그리스도의 흔적을 남기는 삶임을 이렇게 표현했다.

"내가 내 몸에 예수의 흔적을 지니고 있노라"(갈 6:17).

내가 태어난 것이 우연이 아님을, 장난이 아님을 증명하는 흔적이 십자가에 있다. 그 흔적을 바라보라. 그 십자가를 바라보라. 내가 거듭났다면, 하나님이 나를 부르셨다면, 이 땅에서 경험하는 고난의 무게는 나의 전부가 아니다. 고난이 무겁다고, 시련에 넘어졌다고 삶을 포기할 필요도 없다. 고난을 이기게 만드시는 아버지 하나님의 사랑의 무게가 있다. 그 무게로 모든 것을 이길 수 있다.

주님이 나의 영혼을 태어나게 하셨음을 계속 생각하라. 주님이 내 삶을 부르셨음을 확신하라. 그 부르심의 무게가 내 모든 삶의 고난의 무게를 이기게 만들 것이다. 삶의 무게가 무거워도 괜찮다. 무게와 관계없이, 거듭난 자의 삶은 흔들리지 않는다.

회개(repentance)

: 잘못을 뉘우치고 고침.
죄에 대한 자각과 하나님께 죄를 지었다는 깨달음,
그리고 죄인을 구속하시는 하나님의 은혜로
자신의 죄성(罪性)을 깊이 깨닫고
죄로부터 결정적으로 돌이키는 신앙 행위.

속죄(atonement)

: 값을 치르고 죄나 속박에서 해방됨.
하나님의 은혜로 말미암는 구원 행위.

대속(redemption)

: 노예나 죄인을 자유케 하기 위해
그 빚(죄)을 대신 갚음.
남의 죄나 고통을 자기가 대신 당함.
궁극적으로는, 예수께서 십자가의 보혈로
죄인들의 죄를 대신 감당하시고
구원하신 일을 말한다.

* 『교회용어사전』(생명의말씀사)

3

[회개]
잘못을 인정했다고 용서해 주면 안 된다

고해성사? 회개?

비그리스도인들이 종교적으로 익숙해하는 단어가 '고해성사'다. 믿지 않는 사람들을 만나 보면, 교회에서 말하는 '회개'를 '고해성사'와 동일한 단어로 취급한다. 한 지인은 자신이 조금 방탕하게 산 것 같을 때 종교 단체에 가서 고해성사를 해본 적이 있다고 했다. 그만큼 사람에게는 무엇인가 자신이 저지른 잘못에 대한 죄책감을 덜어 내고 싶은 마음이 있는 것이다.

그런데 교회를 다니는 사람들도 별반 다르지 않다. 예배의 초반부에 보통 회개 기도를 하곤 한다. 교회를 다니지만 한 주간의 삶이 형편없었으니, 당연히 회개를 통해 이런저런 잘못을 고백한다.

문제는 그다음이다. 기도를 마쳤다. 그러면 끝인가? 미처 모든 잘못을 고백하기 전에 기도 시간이 끝나 버렸다. 그러면 내가 회개를 충분히 하지 못한 것인가? 어느 정도까지 기도하고, 어느 정도까지 회개해야 내 잘못이 하나님 앞에서 용서되는 것인지 몰라 찜찜하다. 평소에는 그런 고민을 하지 않지만, 심각한 잘못이나 실패를 했을 때에는 이 문제가 진지하게 다가온다.

'회개란 도대체 무엇인가? 내가 어느 정도까지 눈물을 흘려야 주님이 나의 이 기도를 들으시고 회개했다고 인정해 주실 것인가?'

회개가 좋은 소식이라면

고3 수험 생활이 끝나고, 소속된 교회의 청소년부 담당 교역자와 고3 수험생들이 함께 심야 나들이를 나갔다. 근교로 나가기 위해 차를 타고 도로를 달리고 있었는데, 그 밤에 모텔촌을 멀리서 지나가게 되었다. 청소년으로서 신앙의 열정을 가지고 있었던 나는 창문을 열고 모텔을 향해 소리쳤다.

"회개하라. 천국이 가까이 왔다!"

나는 왜 이 말을 했을까? 이 말을 했던 내 마음에는 이런 외침이 있었을 것이다.

'여러분, 지금 잘못 행동하고 있는 거예요! 빨리 하나님한테 잘못했다고 말하세요! 내가 죄인이라고 말하세요! 회개를 하지 않으면, 결국 하나님이 여러분을 심판하실 것입니다!'

그런데 예수님은 이 땅에 복음을 전하러 오셨다. 복음은 '좋은 소식'(good news)이다. 그렇다면 누군가에게 회개하라고 말하는 것도 당연히 좋은 소식이어야 한다.

한번 그 모텔촌에서 죄를 짓고 있던 사람의 입장에서 생각해 보자. 지나가던 청소년의 외침을 들은 그에게는 그 소식이 좋은 소식이겠는가? 전혀 그렇지 않을 것이다. 이것은 나쁜 소식이다. 위협이다. 공포다. 불쾌하고 좋지 않은 말이다. 왜 그런가? 내 잘못된 행동에 대한 심판이 내게 온다는 부담감으로 나를 위협하는 말이기 때문이다.

시간이 흐르고, 신앙을 고민하며 그날의 추억을 떠올렸다. 그리고 회개를 묵상하는데, 번쩍 이런 생각이 들었다.

'그건 말이 안 되는데?'

회개하라는 외침은 말이 안 된다. 누군가가 회개를 한다고 해서, 잘못을 용서해 주면 절대 안 되기 때문이다.

잘못을 인정했다고 용서해 주면 안 된다

회개는 자신이 잘못했음을 인정하는 행위다. 하지만 생각해 보라. "제가 잘못했습니다"라고 말한다고 해서 잘못을 용서해 주면, 이 사회는 결코 제대로 된 사회가 될 수 없다. "잘못했습니다"라는 말이 유효하려면, 잘못과 관련된 보상이 함께 있어야 한다.

파스타 가게에 식사를 하러 갔다고 생각해 보라. 주문을 받는 아르바이트생에게 "알리오 올리오 파스타 주세요"라고 했다. 조금 시간이 지나고 메뉴가 나왔는데 '까르보나라'를 가져왔다. 주문이 잘못 들어간 것이다. 다시 "저는 알리오 올리오 파스타 시켰는데요"라고 말했다고 하자. 그런데 그 아르바이트생이 깜짝 놀라며 "정말 죄송합니다, 손님. 제가 잘못했습니다"라는 말을 계속 반복하곤 가 버렸다. 그리고 서빙하러 지나다닐 때마다 죄송하다고 계속 말했다. 그게 끝이다.

무엇이 잘못되었는가? 계속 죄송하다고 말을 하는 게 중요한 것이 아니다. 그 사과가 유효하려면 메뉴를 다시 가져와야 한다. 잘못에 대한 대가, 보상이 있을 때 사과가 받아들여지는 것이다. 잘못을 인정한다고 죄송하다는 표현이 유효해지는 것이 아니다. 잘못에 대한 합당한 조치가 있어야 한다.

회개했다고 용서해 주다니

우리의 신앙생활도 마찬가지다. 아무리 회개해도 지금까지 상쾌한 느낌이 들지 않았다. 왜 그런가? 내가 자꾸 삶에서 잘못했다고 말만 읊조리고, 실제적으로 대가를 치른 것은 아무것도 없다는 느낌이 들기 때문이다.

'주일에 교회에 와서 잘못했다고 중얼거리면 다 되는 것인가?'

아무리 생각해도 내 죄는 큰데, 너무나 간단하고 불안하다. 아무리 생각해도 하나님이 절대 용서해 주시면 안 될 죄다. 그래서 더 세게 눈물도 흘려 본다. 과연 이렇게 회개하는 것이 맞는 것인가? 죄송하다는 말이 점점 과격해질 뿐이다.

회개를 이해하는 핵심 1. 속죄

회개라는 교리 속에 숨겨진 또 다른 교리를 몰라서 그렇다. 지금 이 모든 회개에는 무엇이 빠져 있는가? 속죄(atonement)가 빠져 있다. 속죄는 죄를 배상한다. 잘못에 대해서 보상한다는 말이다. 죄를 갚는 보상이 없으면, 죄송하다는 말을 할 수 없다. 죄에 대한 보상이 없으면, 회개(=죄송하다는 말) 자체를 할 수 없는 것이다.

그러므로 하나님 앞에서 우리의 현재 상태를 여기에서 발견한다. 우리는 회개할 수 없는 존재, 죄송하다고 말할 자격이 없는 존재다. 죄에 대한 처벌을 받지 않았기 때문이다. 죄에 대해서 대가를 다 치러야 그 말을 할 수 있다. 그러니까 하나님께 죄송하다고 말하는 것으로 회개가 된다고 생각했다면 큰 착각이다. 그런 말은 그만해도 된다. 의미가 없는 말이다.

그러나 누군가가 죄의 대가를 대신 치렀다면 어떤가? 누가 나를 대신하여 죄의 형벌을 받았다면 어떤가? 그때부터 이야기가 달라진다. 앞서 잘못에 대한 보상을 치를 때에만 죄송하다는 말이 유효해진다고 했다. 만약 내가 죄를 지어서 내가 죽어야 할 모든 삶의 형벌을 예수님이 십자가에서 대신 받으셨다면, 우리는 회개할 수 있게 된다. 죄에 대한 대가가 치러졌기 때문이다. 그러니까 이 속죄를 이해하고 나서야 우리는 회개를 정의할 수 있게 된다.

회개란 나를 대신하여 내 죄를 용서해 주신 예수님을 만난 자의 삶의 반응이다. 더 간단히 말해, 속죄를 깨달은 자의 삶의 반응이다. 그 삶의 반응은 고백, 슬픔과 감격, 죄송함과 기쁨을 넘어서 삶의 태도의 변화를 포괄하며, 평생에 걸쳐 지속되는 작업이 되는 것이다.

회개할 수 있다

복음은 좋은 소식이라고 했다. 회개하라는 말은 좋은 소식이어야 한다. 예수님은 분명히 좋은 소식을 전하셨다.

> "이때부터 예수께서 비로소 전파하여 이르시되 회개하라 천국이 가까이 왔느니라 하시더라"(마 4:17).

예수님의 속죄를 이해하면, 이제 이 말은 위협이 아니다. 이것은 위협인가, 소망인가? 소망이다. 죄인을 형벌을 통해서 구원하지 않으시고, 회개를 통해서 구원하시겠다는 말이기 때문이다. 성경에 '회개하라'는 말이 나올 때마다 '회개하라 = 회개할 수 있다'로 바꾸어 읽으면 그 뜻을 명확하게 이해할 수 있다. 회개할 수 없고 형벌을 받아야 했던 존재가,

누군가 대신 형벌을 받아 회개만으로 죄를 씻을 수 있는 존재가 되었다는 말은 분명 좋은 소식이다.

다시 한 번 명심해야 한다. 내가 용서받는 것은 나의 잘못의 인정에 있지 않다. 다시 생각해 보라. 인정했다고 용서해 주는 것이 절대 아니다. 인정했기 때문에 용서해 주는 것이 아니라, 잘못에 대한 속죄 때문에 회개가 가능해진 것이다. 속죄가 있어야 회개가 가능하다. 이제 우리는 이렇게 기도해야 한다.

> "내가 내 죄에 대한 모든 행동의 대가를 직접 치르지 않도록 대신 십자가에서 형벌을 받으신 예수님, 그 공로를 의지하여 나의 잘못을 고백합니다."

그리스도의 속죄를 인정하는 소망의 사건이 회개다.

회개 속에는 나의 속죄가 없다

교회에서, 혹은 일상의 기도 중에 회개를 한다는 말은 내가 내 죄에 대한 책임을 지는 것이 전혀 아니다. 속죄는 내가 할 수 있는 것이 아니다. 나의 어떤 행동으로도 나의 죄에 대한 대가를 치를 수 없다. 속죄는 나를 대신해서 오직 예수님이 십자가에서 하셨다.

그리스도인은 내가 속죄하는 것이 아니고, 예수님이 대신 하신다는 것을 강조하기 위해 속죄라는 말을 '대속'이라는 말로 바꾸어 사용하기도 한다. '예수님이 대신 속죄하셨다. 내가 한 것이 절대 아니다'라는 것을 강조하기 위함이다. 참된 회개 속에는 신자의 속죄가 아니라, 예수님의 대속만 있다는 것을 헤르만 바빙크는 이렇게 표현한다.

"참된 회개는…결코 속죄의 성격을 지니지 않는다. 비록 사람이 회개 가운데 하나님의 공의와 죄로 인해 형벌을 받아 마땅함을 인정할지라도, 그는 회개 가운데 죄에 대한 형벌 자체를 스스로 지는 것이 아니며 따라서 회개로 죄를 속죄하는 것도 아니다. 참된 회개는 객관적으로나 주관적으로나 죄에 대한 형벌을 감당하는 것이 아니라, 오로지 하나님이 죄인을 죄로부터 해방시키기 위해 사용하는 수단일 뿐이다."[1]

'형벌이 아니라 회개로 죄인을 구원하시겠다.'

이미 아는 이야기였지만, 나는 두꺼운 바빙크의 저 책을 읽다가 다시 울었다. 참된 회개는 결코 속죄의 성격을 지니지 않는다.

"회개하라. 천국이 왔다."

이것은 너무나 아름다운 문장이다. 당신은 이것이 눈물로 받아들여지는가? 그것이 내 죄에 대한 유일한 아름다운 가능성으로 느껴지는가? 이것이 회개의 아름다움이다.

회개를 이해하는 핵심 2. 남은 고난

회개한 많은 신자가 목회자들에게 질문을 한다.

"아니 목사님, 이상하네요. 아무리 회개를 해도 일상생활에서 내가 잘못을 저지른 상대방이 나보고 책임져라, 배상하라고 말하지 않나요? 내 잘못이 심해지면, 경찰이 와서 잡아가기도 하고요. 보세요, 분명히 세상을 살아갈 때 형벌이 있지 않습니까?"

회개하는 그리스도인은 나머지 내 삶에서 내가 저지르는 죄를 통해 나타나는 삶의 결과를 잘 해석해야 한다. 회개한 이후에도 분명히 내가 결정하고 선택한 삶의 결과들이 펼쳐진다. 그 안에는 내가 감당해야 할 고난과 역경이 포함되어 있다. 다만, 그 역경에 대한 해석이 완전히 달라진다.

지금까지는 주문한 메뉴를 잘못 가져온 아르바이트생 앞

에서 화가 잔뜩 난 고객처럼, 하나님이 내가 저지른 죄악된 삶에 대해서 늘 불만이시고 화가 나 계시다고 생각해 두려웠다. 그러나 대속을 믿는 자는 다르다. 내 삶에서 순종이든, 불순종이든 모든 선택 이후에 겪게 되는 삶의 결과들은 결코 죄의 형벌이 아니라, 하나님이 나를 이끌어 가시는 징계의 과정일 뿐이다.

"우리가 여전히 겪어야 하는 역경은 우리의 죄에 대한 형벌이 아닌 부성애적인 징계다." - 앤서니 후크마[2)]

"원수를 갚고자 하는 심판주에 의한 응보의 심판과 아버지로서의 징계의 성격을 지닌 심판은 서로 다르다. 전자는 율법에 의한 것이고, 후자는 복음에 의한 것이다. 전자는 진노와 증오로부터 나오고, 후자는 사랑과 긍휼로부터 나온다. 전자는 멸망과 죽음을 위한 것이고, 후자는 바르게 함과 구원을 위한 것이다. 전자는 악인들과 반역자들에 대해 집행되고, 후자는 경건한 자들과 믿는 자들에 대해서 행해지는 것으로서, 그들을 멸하기 위한 것이 아니라, 그들을 가르쳐서 그 후로 더 조심하게 하기 위한 것이다." - 프란시스 투레틴 (Francis Turretin)[3)]

이것이 회개하는 삶이다. 회개는 하나님의 심판이 두려워 떨면서 형벌을 받을까 봐 억지로 하는 공포에 사로잡힌 행위가 아니다. 회개란 무엇인가? 하나님이 내가 저지른 모든 일에 대하여 나에게 쏟으셔야 할 모든 형벌을 예수님께 쏟으시고, 예수님이 순종하신 일은 모두 내가 한 것처럼 여기셔서 내게 주어진 삶을 온전한 완성과 사랑으로 인도하신다는 것을 받아들이며, 그분의 인도하심을 따르는 여정이다.

평생 회개하는 삶

내가 회개할 수 있는 존재가 되었다는 것을 깨달을 때, 평생 회개하게 된다. 회개는 강요가 아니라 특권임을 깨달아서 그렇다. 형벌 대신 그리스도의 속죄에 근거한 회개로 내 죄가 씻어지니 얼마나 자유한가! 이제 나는 형벌의 길이 아니라, 징계의 길을 걷는다. 진노의 길이 아니라, 사랑의 길을 걷는다. 그리고 회개할 때마다 고백한다.

"예수님, 제가 회개하는 근거는 저 자신의 회개하는 열정, 회개하는 강도에 있지 않고, 예수님의 속죄의 공로에 있습니다."

회개는, 그리스도의 속죄를 인정하는 소망의 사건이다. 속죄가 있어야 회개가 가능하다.

믿음(faith)

: 신앙의 대상을 인식하고 신뢰하는 전인격적 행위. 곧, 단순한 지식의 차원을 넘어 구주 예수를 삶의 주인으로 인정하고 삶의 방향을 그분에게로 전환하며 모든 것을 이루시는 분은 오직 하나님이심을 신앙하는 것을 말한다. 그런데 이 믿음은 구원에 이르는 유일한 방법으로서, 이 같은 믿음은 인간 스스로의 노력(행위)으로 주어지는 것이 아니라 하나님의 전적인 은혜 곧 그분의 주권적인 선물로 주어지는 것이다.

* 『교회용어사전』(생명의말씀사)

4

[믿음]
믿음을 '통해' 구원받는다

제대로 안 믿으면

교회에 오래 다니면, '믿음으로 구원받는다'는 말을 수도 없이 듣는다. 우리가 하는 선한 행동이나 바른 일들은 하나님의 완전하고 무결한 수준에 이를 수 없다. 그래서 우리는 우리의 행위가 아니라, 죄가 없으시고 완전하신 예수 그리스도가 우리 죄를 대신 지고 십자가에서 죽으셨다는 것을 믿는 믿음으로 구원받는다.

'믿음으로 구원받는다'는 이 말이 위로가 되면 좋은데, 신앙생활을 하면서 오히려 이 사실이 우리를 더 불편하게 할 때가 있다. 믿음으로 구원받는다고 했는데, 지금 내가 제대로 믿고 있지 못하다면 어떨까? 다른 사람들은 나보다 신앙생활도 훨씬 잘하고, 믿음도 훨씬 좋아 보인다. 나는 믿음의 수준도 그들보다 한참 뒤처진다. 요즘 나의 행동을 보면 참 제대로 믿고 있는 게 맞나 싶다. 그렇다면 결국 믿는다는 말도 보이지 않는 '행위'처럼 느껴진다. 나는 제대로 믿고 있는 행위를 하고 있지 않기에, 믿음으로도 구원받지 못할 것 같다.

믿음을 '통해' 구원받는다

'믿음으로 구원받는다'는 말을 좀 더 정확히 표현할 필요가 있다. 우리는 믿음을 '통해' 구원받는다. 그래서 믿음은 단순하게 정의해야 한다. **믿음이란 하나님이 우리에게 마련하신 유일한 구원의 '수단'이다.** 믿음을 이해하기 위해서는 '수단'에 강조점을 두어야 한다. 다음에 소개하는 이야기를 보면 이해가 쉬워질 것이다.

프랑스 곡예사 샤를 블롱댕(Charles Blondin)이라는 사람이 있었다. 이 사람은 위대한 도전을 하기 위해 「뉴욕 타임즈」에 광고를 냈다.

"장대를 들고 나이아가라 폭포를 가로질러 외줄타기를 할 예정인데, 보고 싶으신 분들은 와서 구경하세요."

많은 사람이 모여들었고, 블롱댕은 그 자리에서 정말 장대 하나만 들고 나이아가라 폭포 외줄타기에 성공했다. 사람들은 환호하기 시작했다. 이어서 블롱댕은 사람들에게 "내가 이 줄 위에서 외발자전거를 타고 나이아가라 폭포를 건너갈 수 있다고 생각하시는 분들은 박수를 보내 주세요!"라고 말했다. 사람들은 그를 신뢰한다며 연이어 환호하며 박수를 보냈다. 그는 계속해서 성공했다. 그를 향한 인기와 환호가 절정에 달할 무렵, 블롱댕은 이렇게 물었다.

"여러분은 제가 사람을 태우고 이곳을 건너갈 수 있다고 믿으십니까?"

도전의 수위가 최고조에 이르자 사람들은 더욱 환호하며 그를 응원했다. 그런데 마지막 블롱댕의 한마디를 듣자, 찬물을 끼얹은 듯이 분위기가 가라앉았다. 왜 분위기가 가라앉았을까? 김효남 목사는 『믿음을 말하다』라는 책에서 이렇게 설명한다.

"'여러분들이 다 저를 이렇게 믿어 주시니 감사합니다. 자, 그러면 이제 제 등에 업혀서 이곳을 건널 사람이 있습니까? 나와 주십시오.' 이때 사람들은 찬물을 끼얹은 듯 조용했습니다. 아무도 자원하는 자가 없었습니다. 그들에게는 블롱댕에 대한 충분한 지식이 있었습니다. 또한 자신이 건널 수 있다고 주장하는 블롱댕의 주장에 전적으로 동의했습니다. 하지만 그 누구도 그의 어깨에 타려고 하지 않았습니다. 그들에게는 그에 대한 참된 신뢰가 없었기 때문입니다."[1]

믿음은 단순한 지적인 동의를 넘어선다. 나 자신의 인격적인 신뢰가 곁들여지는 것이 참된 믿음이다.

사람들이 머뭇거릴 때 한 사람이 자신이 도전하겠다고 자처했다. 해리 콜코드(Harry Colcord)라는 사람이었다. 이 사람은 어떻게 그 도전을 감행할 수 있었을까? 알고 보니, 그는 블롱댕의 매니저였다. 콜코드는 오랜 시간 블롱댕 곁에 지내며 인격적으로 그를 깊이 신뢰하는 관계였던 것이다. 결국 콜코드는 블롱댕의 몸에 업혀 나이아가라 폭포를 건너가는 데에 성공했다.

앞서 믿음을 '통해' 구원받는다고 했다. 블롱댕의 이야기를 듣고 난 후, 다음의 세 가지 질문을 해보면 믿음에 대한 이해가 쉬워진다.

"누가 나를 구원하는가?", "무엇을 통해 구원받는가?", "어떻게 믿음이 자라나는가?"

믿음을 이해하는 핵심 1. 누가 나를 구원하는가(구원의 주체)

나이아가라 폭포를 건너가게 만든 것은 누구인가? 분명히 매니저인 콜코드가 나이아가라 폭포를 건너기는 했다. 하지만 폭포를 건너게 만든 장본인은 누구인가? 콜코드인가? 아니다. 콜코드가 나이아가라 폭포를 건너게 만든 사람은 블롱댕이다. 블롱댕의 능력이 콜코드를 구원한 것이다. 블롱댕을 믿는 콜코드의 믿음이 폭포를 건너게 만든 것이 아니다.

우리도 마찬가지다. 우리가 예수님을 믿는다고 해서, 믿음 속에 능력이 있어서 우리로 하여금 폭포를 건너게 하는 것이 아니다. 폭포를 건넌 것은 온전히 블롱댕의 능력이었다. 우리가 죽음을 넘어서 구원받게 하는 구원의 주체는 오직 예수 그리스도 한 분뿐이시다. 그래서 존 머레이(John Murray) 교수는 『구속』이라는 책에서 믿음은 수단일 뿐, 구원의 주체는 예수님이심을 명확하게 설명한다.

"믿음의 효력이 믿음 자체에 있다고 생각해서는 안 된다. 믿음이 하나님의 호의를 벌어들이는 것이 아니다. 구원에 이르는 모든 효력은 구주께 있다. …엄밀히 말하면, 그리스도를 믿는 믿음이 우리를 구원하는 것이 아니라, 그리스도께서 믿음을 통해 우리를 구원하신다. …특이하게도 믿음은 믿음 그 자체가 아닌 그리스도만을 주목하고 바라보게 한다."[2]

믿음을 이해하는 핵심 2. 무엇을 통해 구원받는가(구원의 수단)

예수님만이 우리로 하여금 죽음의 폭포를 건너게 하실 수 있는 분임을 이해할 때, 우리의 믿음이 어떤 역할을 하는지 비로소 이해가 된다. 믿음 그 자체에 능력은 없지만, 누군가를 신뢰한다는 것은 구원하는 능력을 체험하는 통로, 수단, 도구가 되는 것이다.

누군가가 블롱댕에게 많은 돈을 준다고 해서 폭포를 건널 수 없다. 블롱댕에게 자신이 착한 사람이라고 설득한다고 해서 폭포를 건너갈 수 있는 게 아니다. 폭포를 건너가려면, 건너고자 하는 사람이 블롱댕을 온전히 신뢰하는 마음을 갖는 수밖에 없다. 콜코드는 블롱댕과 같이 지내다 보니 그를 너무나 신뢰하게 되었다. 신뢰했더니, 결과적으로 그 믿음이 수단이 되어 나이아가라 폭포를 건너는 결과를 낳은 것이다.

콜코드가 폭포를 건넌 후, 사람들에게 이렇게 말했다고 생각해 보자.

"내가 이 폭포를 건널 수 있었던 이유는 바로 내가 이 사람을 가장 신뢰했기 때문입니다! 이 믿음 없는 자들이여! 이 모든 공로가 바로 나의 믿음의 깊이에 있습니다!"

만약 그렇게 말한다면, 사람들은 콜코드를 비웃을 것이다. 폭포를 건너게 만든 능력은 블롱댕에게 있다는 것을 모두가 알기 때문이다. 콜코드는 오히려 이렇게 말해야 할 것이다.

"정말 대단한 경험이었습니다! 블롱댕은 정말 믿을 만한 사람입니다. 그가 나에게 이런 특별한 경험을 선사해 주어 고맙습니다. 저처럼 여러분도 도전해 보십시오. 블롱댕은 정말 믿을 만한 사람입니다!"

믿음을 이해하는 핵심 3. 어떻게 믿음이 자라나는가(믿음의 성장)

그렇다면 예수님을 신뢰하는 믿음은 도대체 어떻게 생기는가? 처음에는 예수 그리스도가 우리의 구원자이심을 입으로 고백한다. 세례도 받는다. 교회에서 설교 말씀도 열심히 듣는다. 그런데 전혀 감흥도 없고, 삶의 변화도 없다. 내가 정말로 믿고 있는 것인지 확실하지도 않을 때가 있다.

그럴 때 인간적인 방식으로 나의 믿음과 확신을 평가하며 재단하려 해서는 안 된다. 믿음은 함부로 검증할 수 있는 것이 아니다. 처음 신앙생활을 하면서 자꾸 자기의 믿음을 스스로 평가하려고 해선 안 된다. 특정한 행동이나 일시적인 마음 상태로 우리의 믿음을 판단할 수 있는 것이 아니다. 오히려 믿음은 평생에 걸친 신뢰의 여정으로 보아야 한다.

하나님은 우리를 믿음을 통해서 구원하신다. 그렇기에 우리의 삶에서 벌어지는 모든 일은 하나님을 신뢰함이 깊어지도록 만드시는 하나님의 선물이다. **하나님은 삶 속에서 믿음을 성장시키신다.** 왜 콜코드가 블롱댕을 온전히 믿을 수 있었는가? 특별한 신뢰 프로그램에 참여했기 때문이 아니라, 블롱댕과 오랜 시간 같이하며 자연스럽게 살아온 삶을 통해 믿음이 생긴 까닭이다. 우리도 마찬가지다. 특별한 프로그램을 수료하면 믿음이 회복되고 검증되는 것이 아니다. 모든 삶의 여정을 하나님과 동행할 때, 하나님은 삶의 여러 경험을 통해서 하나님을 더욱 신뢰하게 하신다.

박완서 작가의 부부 동반 기차 여행

소설가 박완서 작가의 이야기다. 남편과 함께 부부 동반

2박 3일 기차 여행을 갔다. 풍경이 너무 좋은 여행 일정이었지만, 문제는 기차 안에서 벌어졌다. 장사꾼들이 기차에서 음식을 팔면서 시끄럽게 하고, 구걸하는 사람까지 나타나서 한 푼 보태 달라고 소리치는 바람에 여행을 망칠 위기에 처했다.

망친 기분을 진정시킬 무렵, 정장을 입은 한 남성이 기차 통로에 서 있는 모습을 발견했다. 그도 구걸을 하는 사람인데, 승객들에게 종이를 한 장씩 나누어 주며 자신의 사연을 소개하는 듯했다. 구걸하는 사람치고는 옷차림이 특이하여, 도대체 무엇을 나누어 주는지 읽어나 보자는 마음으로 그가 다가오기를 기다렸다. 종이를 받았는데, 글이 아니라 사진이었다. 박완서 작가는 그 사진을 보고 완전히 마음이 무너져 내렸다.

"뜻밖에도 그건 낡은 결혼사진이었다. …다소곳이 서 있는 신부 옆에…신랑이 의젓하게 서 있는 촌스럽고 낡은 구식 결혼사진이었다. 그리고 사진 속의 신랑은 지금 구걸을 하고 있는 그 사람 자신이었다. 도대체 어쩌자고 이런 걸 보여 주며 구걸을 하는 것일까, 나는 이상해하면서도 어느 만큼은 감동 같은 걸 하고 있었다.

그도 꽃다운 시절이 있었고 결혼을 했다. …친척, 친구들에게 앞날을 축복받으며 착한 여자의 지아비가 되었고, 지금 이 구걸도 그 무겁고 무서운 지아비 노릇이다라는 생각이 뭉클하니 내 심장 언저리를 뜨겁게 했다."3)

그 사진 또한 구걸을 위해 사람들에게 감동을 불러일으키려는 여러 수단 중에 하나라는 것을 그녀도 이미 알았다. 그러나 그날의 느낌은 달라서, 남편 몰래 많은 돈을 그 사람에게 쥐어 주었다. 왜 이러한 행동을 했을까? 박완서 작가는 이렇게 설명한다.

"아마 그날이 내 결혼기념일이어서 내가 그럴 수 있었던 게 아닌가 싶다. …어쩌면 결혼의 의미를 남보다 더 잘, 더 많이 알고 있었음이 아닐까."4)

지금 박완서 작가가 무슨 여행을 하고 있었는가? 남편과 부부 동반 여행을 가고 있었다. 그러다가 한 가정을 지켜야 하는 구걸하는 정장 차림의 남성을 만난 것이다. 험난한 결혼 생활을 거쳐 가며 가정을 지켜 온 사람은 가정에 닥쳐오는 고난과 역경이 얼마나 많은지 안다. 아무리 열심히 하려고 해도 안 될 때가 있고, 잘못한 일이 아무것도 없는 것 같은데 이유 없는 위기가 닥치기도 한다는 것을 안다.

박완서 작가는 삶을 통해 이미 결혼과 가정을 배운 것이다. 그러다가 정장을 입은 사내의 결혼사진을 보았다. 그 이해는 격이 다른 것이다. 그러니까 삶의 경험이 이해의 깊이를 더하는 것이다.

믿음 있는 나의 모습

신앙생활도 이와 같지 않은가? 처음에는 하나님의 사랑을 지식적으로 이해만 했다. 그러다 자녀를 낳고 기르게 된다. 자녀 출산과 양육을 통해 말 안 듣는 자녀를 품에 안으시는 하나님의 사랑을 이해하게 된다.

기도 응답이 되지 않을 때가 있다. 처음에는 응답해 주지 않으셨기에 하나님은 존재하지 않으신다며 부정한다. 그러다가 예수님을 떠올려 본다. 너무 바랐던 기도가 응답되지 않은 날, 겟세마네 동산에서 기도 응답을 받지 못하신 예수님을 생각한다. 처음엔 그런가 보다 했는데, 잔을 옮겨 달라는 요구에 응답받지 못한 삶 속에서도 여전히 십자가로 걸어가신 주님 때문에 내 죄가 말갛게 씻겼다는 사실을 발견하게 된다. 그 마음의 고뇌와 순종의 깊이가 얼마나 대단한 것이었는지를 다시 이해하게 된다.

상사에게 욕을 들어 가며 일을 할 때, 내가 처한 상황에서 벗어나고 싶기만 했다. 그러나 많은 사람에게 비난받고 욕을 들으실 때에도 맞대어 욕하지 않으신 예수 그리스도의 인내를 처음으로 생각해 보게 된다.

　믿음으로 구원받는다는 말을 이해하고, 나아가 그것을 확신하고 싶다면, 이런저런 이론과 지식적인 깊이만을 찾아다니지 말고 삶의 모든 여정 속에서 하나님과 예수 그리스도와 관련하여 그 상황을 해석하고 해결하려 해보라. 처음에 폭포 한가운데로 떨어질까 두려워하고, 나를 인도하시는 존재가 나를 폭포 아래로 밀어 버리진 않으실까 두려워했던 옛 모습이 떠오르며 어느새 그분의 등에 안겨 편히 나를 맡기고 있는 '믿음 있는 나의 모습'을 보게 될 것이다.

믿음이란, 하나님이 우리에게 마련하신
유일한 구원의 '수단'이다.

칭의(justification)

: 인간에 관한 신적(神的) 선언 곧, 예수 그리스도를 믿는 사람을 의롭다 선언하시는 하나님의 행위를 가리킨다(롬 3:24). 즉, 구원의 한 과정으로서 하나님께서 그리스도의 의에 근거하여 우리 인간의 죄를 용서하시고, 그 의를 우리에게 전가하시므로 의롭다고 인정하시는 은혜의 행위이다. 이는, 하나님께서 심판자의 자격으로 죄로 인해 죽을 수밖에 없는 인간을 의롭다고 선언하시는 것이다.

전가(imputation)

: 자신의 허물이나 책임 등을 남에게 덮어씌움. 신학적으로는, 의도적으로 한 개인의 의로움이나 죄과 및 인간적인 책무를 다른 사람에게 돌리는 것을 말한다.

※ 『교회용어사전』(생명의말씀사)

5

[칭의]
내 상태가 좋지 않아도 상관없다

사용하지 않는 단어, 칭의

구원과 관련된 여러 교리들 중 상당수는 그래도 그리스도인의 일상에서 종종 사용하는 단어들이다. "내 '믿음'을 점검해 보고 싶어", "하나님의 '부르심'을 따라가고 싶어", "그 친구가 다시 '회개'하고 돌아왔으면 좋겠어"라는 말은 어렵지 않게 들을 수 있다.

하지만 '칭의'라는 말은 일상에서 좀처럼 사용되지 않는다. 얼마 전 온라인으로 도서를 구매하는데, 『이신칭의』라는 책 제목이 『이신칭희』로 잘못 기입되어 있는 것을 보았다. 그만큼 단어 자체가 일반인들에게는 생소하기 때문이리라. 나아가 쓰지 않는 말이라는 것은 우리 삶에 밀접한 관련이 없거나, 아니면 관련이 있더라도 이 단어와 관련된 삶을 살고 있지 않다는 말이 된다.

하지만 성경은 우리가 매일 쓰는 단어만큼이나, 칭의라는 교리가 우리 삶의 모든 구원의 문제에 관련이 있음을 소개한다. 내가 매일 고민하고, 마음을 어렵게 하는 모든 주제 뒤에, 다 칭의라는 교리가 따라다니고 있다는 말이다.

종교개혁자 마르틴 루터(Martin Luther)는 그래서 이 칭의 교리를 "교회를 서거나 넘어지게 하는 신조"라고 표현했다. 이 교리 하나에 교회가 제대로 설 수도 있고, 교회가 아예 무너질 수도 있으며, 이 교리 없이는 교회가 단 한 시간도 존재할 수 없다고 표현했다.

인정받다, 충분하다

칭의라는 말은 요즘 일상에서 잘 사용되지 않지만, 현대적인 말로 바꾸어 보면 우리의 삶에 밀접한 연관이 있는 단어로 다가온다. 칭의라는 말은 '인정받다', '충분하다'라는 뜻이다. 생각해 보라. 우리의 삶은 매일 인정받기 위한 노력으로 채워져 있다. 공무원 시험을 봤는데 점수가 커트라인을 넘겼다. 그러면 합격하기에 '충분한' 것이다. 그것이 칭의의 상태다. 대기업 면접을 보았는데, 총점에서 1등을 했다.

그러면 입사할 '자격이 있는 자'로 인정받는다. 우리가 무언가 바라는 것, 우리가 원하는 것을 받고 누리는 데에 충분한 자격이 주어지는 상태가 칭의의 상태다. **요약하자면, 칭의란 하나님이 예수님이 십자가에서 행하신 일을 근거로 내가 하나님 앞에 충분하다고 선언하시는 일이다.**

상태가 아니라 선언

우리가 삶을 살아갈 때에는 **나의 현재 상태는 무시되고, 나에게 주어지는 선언적인 판단만이 중요해지는 순간들이 있다.** 공무원 시험을 준비하는 두 친구가 있었다. 친구 A는 공부를 열심히 해서 점수가 안정권이었다. 친구 B는 공부를 열심히는 했지만 점수가 아슬아슬했다. 그런데 시험 당일, 점수가 좋지 않던 친구 B는 합격선을 훌쩍 넘었고, 평소에 잘하던 친구 A는 컨디션이 좋지 않아 실수를 하는 바람에 합격하지 못했다.

합격자 발표가 끝나고 친구 A가 출제자에게 전화를 했다고 하자. "사실 저는 저 친구보다 훨씬 공부를 잘하고, 평소 성적은 더 잘 나오는 사람입니다. 저 친구는 운이 좋아서 그날 시험을 잘 본 것이지, 평소 실력은 형편없습니다!"라고 이의를 제기한다면 어떻겠는가? 출제자는 "평소에 당신이 얼마나 공부를 잘했는지는 상관없고, 시험에서 몇 점을 맞았는지, 그 시험을 통해 합격과 불합격 중에 어떤 결과를 통보받았는지만이 중요합니다"라고 답할 것이다.

우리는 알게 모르게 일상에서 칭의의 영역을 경험하고 있다. 칭의는 현재 상태가 아니라, 내 자격을 선언하는 영역이다. 내가 아무리 지식이 부족해도, 정당하게 합격하면 공무원이 될 자격이 주어지는 것이다. 그러니까 나의 삶에는 분명히 나의 감정이나, 나의 지식의 수준이나, 나의 현재 상태가 아니라, 규범적이고 법정적으로 주어진 신분이 내 인생을 이끌어 가는 영역이 있는 것이다.

양세형이 일할 수 있었던 이유

개그맨 양세형은 고등학생 때부터 대학로에서 인기몰이를 했다. 많은 개그맨이 보통 20세가 넘어서 개그맨 시험에 합격하곤 하는데, 양세형은 그보다 빠른 고등학교 2학년 때 합격했다. 어려서부터 개그맨 활동을 할 수 있는 길이 열린 것이다.

하지만 여기서 법적으로 문제가 생긴다. 당시 양세형은

미성년자이다 보니, 일반 미성년자들의 상태와 똑같이 일을 하면 근로기준법에 저촉되는 일이 생긴다. 우리나라는 미성년자가 밤 10시가 넘어서는 근무하지 못하게 규제한다. 편의점에서 미성년자를 심야에 아르바이트생으로 고용할 수 없는 것과 마찬가지로, 양세형도 활동에 제약을 받게 되는 것이다.

그러나 양세형은 아무 문제없이 개그맨 활동을 할 수 있었다. 왜 그럴까? 양세형이 법을 위반했는가? 그렇지 않다. 양세형은 소속사와 다른 계약을 맺었다. '근로계약'이 아니라 '전속계약'을 맺으면 상황이 달라진다. 전속계약은 상대방을 '근로자'가 아니라 대등한 '비즈니스 파트너'로 여긴다. 서로가 필요한 것을 주고받는 대등한 관계로 여기는 것이다. 그래서 그 계약의 내용에 따라 얼마든지 일을 할 수 있는 길이 열린다. 이것이 법정적인 선언의 위력이다.

만약 개그맨 양세형 옆에 편의점에서 아르바이트를 하는 친구가 있었다고 해보자. "야, 너는 나랑 똑같은 고등학생이잖아. 너는 되고 나는 안 되는 건 불공평해!"라고 말할 수 있다. 그것은 '미성년자'라는 나이의 요소에만 집중하기 때문이다. 나의 상태와 상관없이, 나의 자격을 규정하는 법적인 선언의 힘이 훨씬 크다. 나의 법적인 신분이 '근로계약자'일 때는 미성년자인 것이 문제가 되지만, '전속계약자'일 때는 미성년자인 것이 전혀 문제 되지 않는다.

우리는 주님 앞에서 모두 영적인 미성년자들이다. 그것을 '죄인'으로 바꾸어 보면 이해가 쉽다. 우리의 율법의 행위로서는 하나님 앞에 인정받을 자격이 주어지지 않는다. 그런데 전속계약이라면 다르다. 예수님이 나를 대신하여 십자가에서 죽으시고, 하나님이 그리스도의 순종을 나의 순종으로 여겨 주시는 전속계약이 체결된 존재라면, 나는 죄인인 상태임에도 불구하고 법정적인 칭의의 선언으로 인해 하나님이 주시는 복을 다 누릴 권리가 생긴다.

그래서 바울은 갈라디아서에서 우리의 상태와 관계없이 법정적인 선언만으로 우리에게 자격이 주어짐을 이야기했다.

"사람이 의롭게 되는 것은 율법의 행위로 말미암음이 아니요 오직 예수 그리스도를 믿음으로 말미암는 줄 알므로 우리도 그리스도 예수를 믿나니…율법의 행위로써는 의롭다 함을 얻을 육체가 없느니라"(갈 2:16).

칭의를 이해하는 핵심 1. 변화가 아니라 선언

칭의라는 교리를 이야기할 때마다 성도들이 죄책감과 의

구심을 동시에 갖는다. 내가 이렇게 죄를 짓고, 이렇게 험하게 살고 있는데 어떻게 하나님 앞에서 좋은 판결이 날 수 있냐는 것이다. 자신의 나이에 근거해서, 나는 미성년자이기 때문에 일을 못할 것이라고 단정하는 것과 똑같다.

자신의 상태에 근거할수록 죄책감은 커진다. 하지만 전속계약은 나이에 근거를 두지 않는다. 마찬가지다. 칭의는 내 상태에 근거해서 주어지는 것이 아니라, 내가 아닌 그리스도의 속죄, 즉 예수님이 하신 일을 근거로 선언이 이루어지는 것이다.

물론 전속계약을 맺었다고 해서 내가 미성년자인 것이 달라지지는 않는다. 당연하다. 내가 의롭다 칭함을 받았다고 해서 내 상태가 갑자기 선하게 바뀌지는 않는다. 당연한 것이다. 당연하지만, 법정적인 선언은 중요하다. 나의 상태와 관계없이 나의 미래의 운명을 결정하는 선언이기 때문이다. 존 머레이는 『구속』이라는 책에서 칭의 교리의 오해를 이렇게 설명한다.

"칭의가 사람을 실제로 거룩하게 하거나 의롭게 하지 않는다는 사실은 일상을 통해서도 알 수 있다. 무죄가 선고된다고 그 사람이 선하게 되거나 바른 사람이 되는 것이 아니다. 판사가 피고의 무죄를 선언한다고 그 사람이 의로운 사람이 되는 것은 아니다. … '의롭다 하다'는 말은 의롭다는 선언이다. 그렇기 때문에 여기에 의롭게 된다거나 거룩하게 된다거나 선하게 만든다는 의미는 전혀 내포되어 있지 않다. …정죄로 사람이 더 악해지는 것이 아니듯, 칭의로 사람이 더 선해지거나 의롭게 되는 것은 아니다."[1]

칭의를 이해하는 핵심 2. 칭의와 성화의 선후 관계

내가 의롭다고 선언되는 것이 나에게 근거한 것이 아니라, 예수님의 공로에 근거한 것이라는 점을 이해하기 위해서는 칭의와 성화의 선후 관계를 이해하는 것이 매우 중요하다.

내가 성화된 다음에 나의 상태에 근거하여 하나님이 나를 의롭다고 여기신다면, 성화 다음에 칭의가 와야 한다. 여기서 칭의의 근거는 나의 행위에 있다. 하지만 내가 성화되기 전에 예수님의 공로에 근거하여 하나님이 나를 의롭다 하시고, 그 감사와 감격으로 내가 성화되어 가는 것이라면, 칭의 다음에 성화가 오는 것이다. 이것이 중요하다. **이 순서를 평생 기억하라. 나의 성화를 통해서 칭의가 되는 것이 아니다. 예수님의 십자가를 통해서 내게 칭의가 먼저 주어지고, 성**

화를 향해 자연스럽게 나아가는 것이다. 칭의는 그래서 언제나 성화 앞에 온다.

규정적인 언어와 연결시키지 않는다

칭의 교리를 바탕으로 간단한 삶의 변화를 시도해 보자. 칭의는 내 삶을 살펴보고 난 후에 주어지는 것이 아니다. 내 삶이 예수님 때문에 하나님 앞에서 의롭고 충분하고 복 받을 만한 인생이라고 여긴다면, 즉시 변화되어야 할 내 삶의 습관이 있다. 신자들은 내 삶에서 벌어지는 모든 상황을 보면서 규정적인 언어, 판단적인(judgmental) 언어와 연결시키지 말아야 한다.

현재 상태가 힘들면 힘든 것이지, 절대 망한 것이 아니다. 시험에서 떨어지면 떨어진 것이지, 내 인생이 무가치한 것이 아니다. 우리의 언어 속에는 (1) 우리의 부정적인 상태를 근거하여, (2) 우리의 삶을 판단하는 언어들이 파생적으로 나오는 경우가 많다.

그렇지 않다. 나의 구원이 나의 상태와 관계없이 주어졌음을 믿는가? 그렇다면 나의 부정적인 지금 상황에 관계없이 예수님의 십자가 공로로 말미암아 새로운 일, 선한 일이 벌어지게 될 것임을 믿어야 한다. 성화보다 칭의가 앞에 있다는 그 믿음이 있다면, 결코 상황에 대한 단정적인 언어와 판단하는 언어를 남발할 수 없다. 나의 상태를 근거로 내 삶의 미래를 부정적으로 규정하지 않는 것, 이것이 칭의를 믿는 사람의 바른 태도다.

칭의가 주는 두 가지 유익

법정적인 선언은 우리에게 추상적으로 들릴 때가 많다. 칭의라는 법정적인 선언이 내게 주는 두 가지 현실적인 유익이 있다. 하나는 죄 사함이고, 또 하나는 양자 됨이다.

칭의를 믿는 자의 유익 1. 죄 사함

죄 사함은 칭의가 주는 소극적인 측면에서의 유익이다. '죄 사함'이라는 말은 '죄가 용서받는다, 사라진다'는 것이다. 먼저, 우리 삶에 있던 마이너스(-)적인 요소, 부정적인 것이 없어지는 것이다. 예수님이 죄의 형벌을 나 대신 당하셨기에 나는 형벌을 받지 않아도 되고, 예수님이 죽으셨기에 내가 또 죽을 필요가 없다는 말이다.

"내가 하나님의 은혜를 폐하지 아니하노니 만일 의롭게 되는 것이 율법으로 말미암으면 그리스도께서 헛되이 죽으셨느니라"(갈 2:21).

우리가 당해야 할 형벌을 예수님이 대신 당하셨다. 그래서 우리는 형벌을 당하지 않아도 된다. 신자가 살다 보면 이 말이 정말 이해가 되지 않는다. 우리는 앞으로도 죄를 짓게 될 것 아닌가? 맞다. 죄를 지으면 죄의 결과가 펼쳐진다. 그래도 그 결과는 절대 주님이 우리에게 형벌로 주시는 결과가 아니다. 주님은 우리의 과거와 현재와 미래의 죄 때문에 당해야 할 형벌을 모두 가져가셨다. **내가 예수 그리스도를 구주로 맞이했다면, 내 삶에서 어떠한 죄를 짓더라도 하나님은 죄에 대한 형벌을 내 인생에 펼치지 않으신다는 것이다.**

예를 들어 보겠다. 예수님을 믿는 사람과 믿지 않는 사람 둘이서 이유 없이 지나가던 사람을 함께 폭행했다. 하나님은 예수님을 믿는 사람은 경찰서에 가는 것을 막아 주시고, 믿지 않는 사람만 경찰서에 가게 하시는가? 결코 그렇지 않다. 예수님이 형벌을 당하셨어도, 이 땅에서 죄의 형벌은 동일하게 펼쳐진다.

예수님을 믿으나 믿지 않으나 똑같이 형벌을 당하는데, 예수님이 형벌을 나 대신 당하셨다는 것을 어떻게 이해해야 하는가? 이것은 영적인 확신의 측면에서 이해해야 한다. 그리스도인들은 표면적으로 내 삶에 죄의 결과가 펼쳐지고 사회적인 형벌이 집행되는 와중에도 확신할 수 있다. 무엇을 확신하는가? 이 과정은 표면적으로 형벌로 보이지만, 영적으로는 예수님이 이미 나 대신 형벌을 받으셨기에 이 표면적인 형벌은 주님이 나를 버리신 증거가 아니라, 나를 단련하시고 거룩하게 인도하시는 아버지의 사랑의 길임을 믿을 수 있다.

따라서 신자들은 죄의 형벌이 표면적으로 펼쳐질 때에도 하나님이 자신의 삶을 신실하게 인도하실 것을 믿고 따를 수 있다. 너무 큰 죄를 지어 감옥에 가거나 상황이 악화되더라도, 그 안에 하나님의 선한 뜻이 있음을 기대할 수 있게 되는 것이다.[2]

17세기 이탈리아 출신의 스위스 개혁신학자 프란시스 투레틴은 죄 사함을 이렇게 설명한다.

"[죄 사함은]…부패성이나 더러움의 실질적인 제거가 아니라 죄책을 사법적으로 사해 주는 것임을 보여 준다. 죄 사함에 의해 실제적인 죄책 또는 형벌의 의무가 제거되지만, 잠재적인 죄책, 또는 내재적인 부패로부터 흘러나오는 죄의 본질적인 권능은 즉시 제거되는 것은 아니다. …그것은 그 죄들이 절대적으로 제거되었다는 것이 아니라 **형벌에 부쳐지지 않는다는 의미다.**"[3]

하나님은 형벌을 위해서 내 미래를 사용하지 않으신다. 이 확신이 바로 죄 사함을 믿는 자가 삶 속에서 누리는 유익이다. 하나님은 내가 죄를 지을 때마다 화가 나고 답답한 마음으로 내 삶에 진노를 쏟으러 쫓아다니시는 분이 아니다. 진노는 이미 예수님께 쏟아졌다. 하나님은 오히려 예수님이 우리 대신 행하신 순종의 보상, 순종의 대가를 우리에게 쏟아부어 주시기 위해 따라다니신다.

젊었을 때 방탕했던 것을 하나님이 지금 심판하신다고 느끼는가? 예전에 범한 죗값을 치르면서 여생을 살아가야 한다고 느끼는가? 형벌이 예수님께 쏟아졌음을 아직 믿고 있지 못한 것이다. 어떤 죄를 범할지라도, 남들은 당신이 하나님께 형벌을 받고 있다고 말할지라도 속지 말라. 하나님은 내가 남은 벌을 다 받게 하려고 남은 인생을 살게 하시는 분이 아니다.

복구 없는 승리

형벌이 없다는 말을 구체적으로 우리의 삶에 적용하면 한 문장으로 이렇게 표현할 수 있다.

"과거를 복구하는 데 인생을 쓰지 않게 된다."

사람마다 내 과거, 내가 저지른 죄, 내가 한 잘못된 결정에 대해서 아쉽고 후회하는 마음이 있다. 그래서 그 행동을 복구하고, 그 행동을 만회하기 위해서 여러 가지로 애를 쓴다.

내가 아는 한 후배는 20대 중반이 넘어서도 계속 수능 시험을 볼 때 틀렸던 문제에 대해 이야기했다. 언어 영역에서 틀렸던 그 문제 때문에, 외국어 영역에서 틀렸던 그 문제 때문에 자신의 인생이 꼬였다는 것이다. 또 다른 형제는 가정 형편이 어려워 가난한 중에 자랐다. 직장인이 되니 오로지 돈 벌 생각만 하면서 삶을 살아간다. 왜 그런가 물었더니, 자신의 힘으로 자기 가정을 재정적으로 복구시키는 것만이 인생의 목표가 되었던 것이다. 예쁘다는 이야기를 듣지 못하고 자란 어떤 자매는 직장에 들어가 돈을 벌기 시작하자 성형 중독에 걸렸다.

지금 이 사람들이 모두 무슨 일을 하고 있는지 보이는가? 과거에 내가 이루지 못했거나 실패했던 행위를 기준으로, 스스로의 삶을 '충분한지 충분하지 않은지, 인정받을 만한지 그렇지 못한지' 스스로 평가하고 있다. 칭의라는 법정적인 판단을 하나님이 아니라 스스로 하고 있는 것이다. 내가 예쁘지 않고, 돈을 충분히 벌지 못하고, 학력을 복구하기 전에는 충분한 상태가 아니며, 형벌이 끝나기 전에는 인생에 의미와 행복이 없을 것이라는 전제가 깔려 있으니 삶에 자유가 사라지는 것이다.

결코 그렇지 않다! 예수 그리스도가 형벌을 가져가셨고, 예수님을 통해서 내 인생이 복 받기에 충분하고, 복 받기에 합당한 자로 인정받았음을 믿는가? 그렇다면 과거를 복구하려고 하지 않아도 된다. 오늘부터 벌어지는 삶의 모든 여정은 형벌이 아니라, 하나님이 내 삶의 현재 상태를 통해서 만들어 가시는 새로운 하나님의 일하심일 뿐임을 분명히 믿어야 한다. 과거를 복구하려는 방식으로 살아가는 것은 죄 사함 받은 자의 삶의 태도가 아니다.

부채를 상환하는 법

요즘 가계 부채와 금리 인상에 관한 이야기가 많이 나온다. 한 사람이 5억 원의 집을 사고 싶은데, 수중에 돈이 2억 원밖에 없었다고 가정하자. 3억 원을 대출받았다. 이 사람은 어떻게 빚을 갚을까? 매월 수입의 일정 부분을 떼어 원리금을 상환해야 할 것이다. 이것이 빚을 갚는 기본적인 방식이다.

그런데 다른 방법도 있다. 만약 자산의 인플레이션이 있다면 어떨까? 내가 산 5억 원의 집 주변에 지하철이 들어온 다는 소식을 듣고, 어떤 사람이 집을 팔라고 했다. 7억 원에 사겠다고 했다. 내 집이라는 자산의 물리적인 형태는 그대로인데, 사람들의 가치 판단이 변하면서 자산의 가치가 상승한 것이다. 이것이 인플레이션이다.

만약 이 사람이 7억 원에 집을 매도하면, 남은 빚 3억 원을 바로 상환하고, 자신의 수중에는 4억 원이 남게 된다. 현금으로 2억 원을 가지고 있던 사람이, 4억 원을 가진 사람이 되었다. 이것이 자산 인플레이션을 통한 투자의 기본 원리다. 이해가 되는가? 자산 가격이 오르면, 부채를 갚는 것과 동일한 효과를 낸다는 것이다.

우리의 삶도 마찬가지다. 우리 인생의 과거를 고치기 위해, 빚을 상환하듯이 살려고 하지 말라. 학력, 외모, 가난, 지난 시간의 낭비 때문에 후회하지 말라. 빚을 상환하지 않는 방법으로 삶을 살아가는 방식이 있다. 그것이 죄 사함을 믿는 자의 삶이다. 왜 내가 자꾸 과거를 복구하려고 하는가? 왜 내가 자꾸 죗값을 치르려 하는가? 과거를 복구하지 않고도, 하나님이 인도하시는 다른 길을 걸을 수 있다.

칭의를 믿는 자의 유익 2. 양자 됨

양자 됨(adoption)의 교리는 '입양'이라는 단어를 생각하면 쉽다. 양자 된다는 것은 입양된다는 말이다. 하나님의 자녀로 입양되는 것이다. 이는 칭의를 통한 적극적인 의미의 유익이다. 예수님은 우리가 받아야 할 형벌을 가져가시는 죄 사함의 복 외에, 또 다른 복을 우리에게 더 주셨다. 우리를 하나님의 아들로 대우하시는 것이다.

내가 어떻게 아들의 대우를 받는가? 칭의라는 교리 속에는 '전가'(imputation)라는 교리가 함께 작용하기 때문이다. 전가라는 말은 '그렇게 간주하다, 떠안다'라는 의미다. 내 죄가 예수님의 죄인 것처럼 전가된다(=예수님이 떠안으신다). 이것이 첫 번째 전가다. 죄가 없어지는 나는 누구인가? 아직 죄가 없지만, 특별히 한 일도 없는 사람이 된다.

하지만 한 번의 전가가 더 이루어진다. 내 삶에 예수님의 자격, 예수님이 행하신 일이 모두 전가된다(=예수님의 자격과 예수님이 행하신 일이 모두 나의 자격, 내가 한 일로 간주된다). 그러면 나는 어떤 사람인가? 예수님이 하나님의 자녀이시기에, 나도 자녀로 대우받는다. 예수님이 순종하셨기에, 나도 이미 순종한 사람처럼 대우받게 되는 것이다.

이렇게 전가가 두 번 일어난다는 뜻에서 이를 '이중 전가'(double imputation)라고 부른다. 이 전가의 위력 때문에 나는 양자 됨의 유익을 누리게 되는 것이다.

"영접하는 자 곧 그 이름을 믿는 자들에게는 하나님의 자녀가 되는 권세를 주셨으니"(요 1:12).

예수님이 우리를 구원하신다는 것은 죄 사함의 복을 받을 뿐만 아니라, 양자 됨의 복도 얻는 것임을 프란시스 투레틴은 이렇게 설명한다.

"죽음으로부터 건짐을 받는 것과 행복을 수여받는 것은 서로 별개의 일이다. 감옥에서 나오는 것과 보좌에 앉는 것은 서로 별개의 일이다. 해악을 제거해 주는 것과 거기에 좋은 것을 더해 주는 것은 서로 별개의 일이다."[4]

자녀 된 사람의 해석

우리는 보통 예수님을 믿은 후에도, 내가 하나님 앞에서 얼마나 잘하느냐에 따라 하나님이 나를 대우하시는 방식이 달라질 것이라고 오해한다. 하지만 자녀 된 자라면 그 판단이 바뀌어야 한다. 내가 주님의 자녀가 되었다면, 당장 내 삶의 모든 상황을 이렇게 해석하는 것이 가능하다.

"하나님은 예수님을 대하시는 동일한 방식으로 오늘 나를 대하고 계시다!"

모든 것에 순종하신 독생자 예수님을 향해 하나님이 판단하신 그대로, 내 삶을 향한 최고의 대접을 행하고 계시다는 것이다. 나도 예수님과 같이 하나님의 자녀가 되었기 때문이다!

앞서 하나님은 예수님의 죄 사함을 통하여 형벌을 위해 내 미래를 사용하지 않으신다고 했다. 양자 됨에서는 그 이야기가 더욱 적극적으로 확장된다. 내가 하나님의 자녀가 되었다면 더 나은 확신이 가능하다. **이제 내 삶 속에는 오히려 나의 미래 복을 위한 하나님의 선한 계획이 포함되어 있음도 믿을 수 있다.** 내 삶은 과거의 형벌을 받기 위한 삶이 아니다. 자녀로 대우하시기에, 자녀로서의 삶을 합당하게 누릴 수 있는 데까지 나를 이끌어 가시는 하나님의 미래 계획이 포함된 것이다. 그 길을 걷는 것이 신자들의 삶이다.

"지정생존자"의 아들

미국 드라마 중에 "지정생존자(designated survivor)"라는 제목의 시리즈가 있다. 백악관에 폭탄이 터져 일개 장관이 하룻밤 사이에 대통령이 된다는 내용이다. 갑작스레 대통령이 된 그 사람의 아들은 클럽을 전전하며 마약을 팔며 사는 존재다. 아빠가 갑자기 대통령이 되는 바람에 백악관 경호원들이 아들을 급하게 찾으러 나간다.

클럽에 경찰이 들이닥친 줄 알고 급하게 도망가다가 잡힌 아들은 경찰차에 타서 자기를 어디로 데려가냐고 묻는다. 경호원은 "너의 집"이라고 대답한다. 아들이, 하지만 지금 가는 길은 자기 집으로 가는 길이 아니라고 하자, 경호원은 "너의 집은 이제 그곳이 아니야"라고 대답한다. 클럽에서 방탕하게 살았으니, 그에 합당한 집으로 데려가야 하는 것이 아닐까? 아니다. 아들의 집은 아빠 덕분에 하루 만에 백악관으로 바뀌었다. 아들이 부족해도, 여전히 경호원은 다시 그 아들을 백악관으로 데려갈 것이다.

좀 놀면서 살았는가? 상관없다. 지난 과거 때문에 고생을 하고 있는가? 괜찮다. 이후에 펼쳐지는 일은 절대 과거의 빚을 갚는 길이 아니다. 하나님이 데려가시는 집은 언제나 따로 있다. 내가 앞으로 감당해야 할 현재의 모든 문제는 하나님이 자녀에 합당한 삶을 살게 하시기 위한 통로로 사용하실 것이다.

지금 누군가와 갈등이 벌어졌는가? 과거에 내가 잘못한 어떤 일 때문에 약간 꼬인 문제가 있는가? 하나님은 그 일을 바라보실 때 과거에 대한 처벌로 그 일을 사용하지 않으시고, 예수 그리스도의 십자가를 근거로, 나의 미래가 있도록, 내 새로운 회복을 도모하도록 그 모든 순간을 사용하고 계심을 확신할 수 있다. 하나님은 우리에게 가장 좋은 것을 주신다. 아니다. **가장 좋은 것을 안 주실 수가 없다.** 예수님으로 인해 우리가 자녀 되었기 때문에 그렇다.

칭의의 확신

 아무리 칭의 교리를 배우고 외워도, 스스로의 삶을 바라볼 때 한없이 부족한 것처럼 느껴질 때가 있다. 하나님이 요즘 나를 싫어하실 것 같다. 나아가 하나님이 내게 주신 상황도 전혀 선해 보이지 않는다.

 신앙생활을 오래 했어도 이런 근심을 통과하는 것은 지극히 당연하다. 때때로 찾아오는 이러한 영적인 무너짐 속에서 우리는 어떻게 다시 칭의 교리의 위력을 체험할 수 있는가? 자꾸만 다시 나의 상태에 근거하여 하나님 앞에서 나의 합당함을 평가하려는 유혹이 들 때마다, 하나님이 실제로 아들이셨던 분을 대우하신 방식을 바라보라.

 하나님은 실제 아들이신 예수님을 어떻게 대하셨는가? 죄가 없으셨는데도, 죄의 형벌을 당하게 하셨다. 모든 것을 순종하고 행하셨는데도, 십자가에 못 박혀 죽게 하셨다. 십자가를 볼 때마다 되새겨야 한다.

 '아하, 내가 받을 벌과 저주가 이미 저 십자가에 있구나! 아하, 내가 당해야 할 삶의 고난이 이미 저 십자가에 있구나! 그런데 예수님이 받으셔야 할 순종한 삶의 대가는 누가 가져간 거지?'

바로 그 순종의 대가가 내 삶에 지금 펼쳐지고 있는 것이다! 고난과 실패로 얼룩진 모습 때문에 전혀 그렇게 보이지 않을 수 있다. 예수님도 그러셨다. 십자가는 결코 좋아 보이는 길이 아니었다. 하지만 십자가는 죽음을 넘어 부활과 영생의 문을 열고, 우리가 그 영원한 생명에 들어가게 하는 계기가 되었다. 하나님이 예수님께 제시하신 길은 어려워 보이지만 더 나은 길이요, 죽는 길 같아 보이지만 언제나 미래가 있는 길이었다.

그 십자가를 볼 때 나도 확신할 수 있다. 예수님이 나의 형벌을 대신 당하신 것이 맞다면, 내가 지금 당하는 현재의 고난은 나의 죄에 대한 하나님의 형벌이 아니라, 하나님이 드러내실 위대한 뜻을 향한 여정임을 믿을 수 있다. 나에게 새롭게 벌어지는 모든 일은 자녀 된 나를 향한 하나님의 최고의 대우임을 언제나 신뢰하리라. 신자는 그 확신으로 산다.

이 순서를 평생 기억하라. 나의 성화를 통해서 칭의가 되는 것이 아니다. 예수님의 십자가를 통해서 내게 칭의가 먼저 주어지고, 성화를 향해 자연스럽게 나아가는 것이다. 칭의는 그래서 언제나 성화 앞에 온다.

성화(sanctification)

: 죄악된 옛 본성을 벗고 죄와 더러움에서 분리되어 하나님을 향하여 거룩하게 되어 가는 것. 즉, 죄 사함을 얻고 구원받은 인간(유효적으로 부르심을 받고 중생한 자)이 하나님의 거룩한 성품을 닮아 가는 과정을 말한다. 이는 칭의에 뒤따라서 성도의 마음과 삶 속에서 지속되는 하나님의 사역이다. 즉, 거룩함 가운데 자라는 과정으로, 개인의 성품과 삶 가운데 실제적인 변화가 나타난다.

* 『교회용어사전』(생명의말씀사)

6

[성화]
손을 씻는 것은 즐거운 일이다

하고 싶지만, 하기 싫은

기독교에서 설명하는 교리들 중에, 가장 쉽게 납득이 되고 익숙한 단어가 '성화'다. 성화란 하나님이 원하시는 대로 내 삶이 변화되는 것을 말한다. 신앙생활을 한다면 성화되어야 한다는 말에는 동의하지 않을 사람이 없다.

그러나 성화만큼 신자들이 가장 많은 내면의 저항과 한계에 부딪히는 일도 없을 것이다. 몇 번 노력해 보았지만, 나는 잘 변화되지 않는 것 같다. 게다가 하나님이 나를 사랑하시고 예수 그리스도를 통하여 모든 죄를 용서해 주셨는데, 현재 짓고 있는 죄들도 조금 가볍게 생각하는 것이 낫지 않을까? 성화되고 싶은 것은 맞지만, 더 이상 죄의식에 사로잡히지 않고 편하게 살고 싶은 마음이 동시에 있다.

성화가 좋은 소식이라면

성화도 복음이다. 복음은 좋은 소식이라고 했다. 그렇다면 성화도 우리에게 좋은 소식이어야 한다. 성화는 절대 억지스러운 일이 아니다. 성화가 우리에게 기쁨이 되는 이유를 이해하려면, 죄의 책임과 죄의 오염을 구분할 줄 알아야 한다. 그래서 성화의 정의가 중요하다. 성화는 죄를 씻어 내는 일이 아니다. 왜? 죄는 예수님이 씻어 주셨기 때문이다. 그렇다면 성화란 무엇인가? **성화란 죄의 '오염'을 씻는 과정이다.**

죄를 지으면 그에 맞는 형벌이 따른다. 도둑질을 하면 벌금을 내거나 징역을 살기도 하고, 살인을 하면 무기징역이나 사형을 받기도 한다. 이것이 죄의 형벌이다. 우리의 죄를 대신하여 예수님이 십자가에 못 박혀 죽으셨다. 우리 대신 형벌을 받으신 것이다. 그러므로 우리는 또다시 형벌을 받을 필요가 없다. 우리는 예수님으로 인해 죄의 형벌이 사라졌다. 그러나 죄의 오염은 남아 있다. 예를 들어 보겠다.

아빠가 다섯 살짜리 자녀에게 아이스크림을 사 줬다. 손에 묻히지 말고 조심스럽게 먹으라고 했다. 그런데 한 입 물더니 장난기가 발동해 먹지는 않고 손과 얼굴에 아이스크림을 잔뜩 묻히며 놀았다. 그 모습을 발견한 아빠가 "안 돼!

그만해!"라고 소리쳤다.

자녀는 깜짝 놀라서 아빠가 자신을 나무라거나 벌을 주지 않을까 노심초사했다. 오늘 하루 TV를 보지 못하게 한다거나, 밖에 나가서 놀지 못하는 형벌이 올 것이라 예상했다. 그러나 아빠는 아이에게 벌을 주지 않고 타일렀다. "아빠는 네가 아이스크림을 아무 데나 묻히지 않았으면 좋겠어. 아빠가 용서해 줄 테니 앞으로는 그러면 안 돼, 알았지?"라고 부드럽게 다독였다. 이 아빠가 방금 무슨 일을 한 것일까? 죄의 책임, 죄의 형벌을 제거해 준 것이다.

하지만 아빠는 "혼내진 않을 건데, 얼른 세면대로 가서 손 씻고 세수 좀 하고 오자!"라고 한마디 덧붙였다. 아빠는 왜 씻으라고 했을까? 씻고 오라고 말하는 것은 죄의 형벌이 아니다. 죄의 오염을 제거해 주기 위함이다. 자녀가 아빠가 용서해 줬다는 확신만 가지고, 씻지 않은 손으로 하루 종일 생활한다고 생각해 보라. 무엇을 만져도 찐득찐득한 느낌이 없어지지 않을 것이다. 그 오염된 손으로 다른 음식을 집어 먹으면, 맛도 이상하고 배도 아플 것이다. 형벌은 없지만, 오염을 제거하지 않기 때문에 벌어지는 일이다.

아빠가 씻고 오라고 한 것은 형벌이 아니라 행복을 위함이다. 씻으면 행복해진다. 그런데 온몸이 찐득찐득한 상태를 느끼며 자녀가 오해를 하기 시작한다.

'내 몸이 왜 이러지? 왜 무엇을 먹어도 배가 아프고, 왜 무엇을 만져도 찐득찐득하지? 아! 아빠가 나에게 벌을 내렸나 봐. 아빠가 내 손에 이상한 것을 묻혀 놓았나 봐. 아빠가 역시 내 행동이 마음에 들지 않아서 나에게 벌을 내린 게 분명해!'

오염된 손에 새로운 자극이 들어오면, 외부의 접촉도 같이 왜곡되고 오염된다. 이 모든 것은 오염된 손을 씻지 않았기 때문이다. 아빠가 손을 씻으라고 하는 일은 내 삶에 행복과 상쾌함을 주기 위한 아빠의 사랑이지, 절대 강요나 억지 혹은 형벌이 아니다.

성화를 이해하는 핵심 1. 죄의 책임과 죄의 오염

이제 이해가 되는가? 사실상 성화를 억지와 부담감으로 생각하고 있다면, 아직 성화를 직관적으로 이해하고 있지 못한 것이다. 죄를 용서받았는데, 앞으로 하나님의 뜻을 배우고 그 뜻대로 변화된다는 것이 억압과 답답함으로 느껴진다면, 사실 아직 구원을 아무것도 이해하지 못한 것이다.

탐욕을 제거하지 않고 돈을 벌면서 살았다. 그런데 내가 벌어들이는 소득에 감사와 만족이 전혀 없다. 더 벌지 못하게 하시는 하나님이 원망스럽기만 하다. 돈을 벌어도 왜 행복하지 않을까? 하나님이 내가 돈을 벌지 못하도록 막으시는 것 같다. 하나님이 벌을 내리시는 것일까? 내가 요즘 예배에 몇 번 빠져서 하나님이 내 삶을 막으시는 것일까?

그렇지 않다. 이러한 생각들은 모두 하나님이 내게 죄의 형벌을 내리신다는 사고방식에서 온다. 형벌이 아니다. 내 상황을 왜곡해서 바라보게 만드는 내 안의 죄의 오염이 문제다. 오염된 마음이 성화되지 않으면, 하나님이 내게 주신 상황에서 기쁨을 찾을 수 없다.

그래서 앤서니 후크마는 죄의 책임(죄책)과 죄의 오염은 구별해야 한다는 점을 이렇게 설명한다.

"하나님의 선언적 행위인 칭의에서 우리 죄의 책임은 예수 그리스도의 속죄 사역을 바탕으로 제거된다. 그러나 오염이란 죄의 결과이며, 그다음에 또 다른 죄를 낳는 우리 본성의 부패를 의미한다. …성화 가운데서 죄의 오염은 제거되는 과정 중에 있다."[1]

좋은 일을 막는 오염

바울은 에베소 성도들에게 보내는 편지에서 하나님이 우

리를 창조하신 목적을 이야기했다. 구원의 목적이 무엇인가? 우리의 삶에 하나님이 뜻하신 좋은 일(good work)이 가득하고, 좋은 일을 행할 수 있게 하기 위함이다.

> "우리는 그가 만드신 바라 그리스도 예수 안에서 선한 일[good work]을 위하여 지으심을 받은 자니 이 일은 하나님이 전에 예비하사 우리로 그 가운데서 행하게 하려 하심이니라"(엡 2:10).

성화란 하나님이 주시는 좋은 일, 행복한 일을 방해하는 삶의 실제적인 오염을 제거하는 작업이다. 그래서 성화는 가장 피부에 와 닿고 신나는 일이다. 즐겁게 손을 씻을수록 점점 삶에 상쾌함과 신선함이 회복되는 것이 직접적으로 느껴지기 때문이다.

하나님을 신뢰한다면, 하나님의 방식대로

오염을 씻을 때에는 씻는 방식도 중요하다. 그릇에 고기를 굽고 난 후에 기름이 묻었다면, 주방용 세제를 사용해야 한다. 화장실에 곰팡이가 피었다면, 락스를 사용해야 한다. 성화의 방식이 다르면, 오염을 제거할 수 없다.

자녀의 손을 무엇으로 씻어야 할지는 자녀의 부모가 제

일 잘 안다. 깨끗이 씻으려면, 나의 생각이 아니라 부모가 제안하는 방식을 따라야 한다. 그래서 내가 성화되기를 원한다면, 먼저 하나님을 신뢰하고 그분의 선하심을 확신하는 그 마음의 회복이 먼저다. 그래야 내가 해본 적 없고, 내가 원하지 않는 방식이더라도 하나님이 제시하시는 방식을 실행할 마음이 생기기 때문이다. 월터 마샬(Walter Marshall)은 『성화의 신비』라는 책에서 하나님이 사랑스러워야 성화도 가능하다고 지적한다.

> "한번 생각해 보라. 하나님이 자신을 대적하고 있다고 생각하는 사람이 그 무엇보다 하나님을 더 사랑하고 기뻐할 수 있겠는가? 하나님이 자기를 사랑하고 불쌍히 여기신다는 것을 믿지 않는 사람이 하나님을 사랑할 수 있겠는가? 하나님을 사랑스러운 분으로 생각하지 못하는 사람이 그분에 대한 생각으로 기쁠 수 있겠는가?"[2]

사랑하는 사람의 입에서 나오는 말

젊은이들이 처음에 연애할 때 많이 하는 실수가 있다. 사랑하는 대상은 있는데, 그 사람을 사랑하는 방식은 다른 곳에서 가져오는 것이다. 좋아하는 사람에게 고백하려는 형제가 있었다. 곧 고백을 하려고 준비 중이라기에, 어떻게 고백할 것이냐고 물었다. 그 형제는 다양한 SNS에서 여러 가지 고백하는 방법을 찾아보았다고 했다. 밖에서 촛불로 길을 만들고 이벤트를 한 후에 좋아한다고 고백하며 선물을 전해 주려고 한다는 것이다.

그러나 내가 알기로 그 형제가 좋아하는 자매는 소소한 관심, 그리고 진솔한 마음의 표현을 훨씬 더 좋아했다. 나는 그 형제를 구원(?)하기 위해서 솔직하게 말했다. 그렇게 고백하면 망할 거라고 위협했다. 다행히 그 형제는 사랑을 표현하는 다른 방식을 택해서 교제에 성공했다.

언제 사랑이 성공하는지 이제 보이는가? 사랑한다면, 사랑의 방식이 상대방의 방식이어야 한다. 부모와 자녀 사이의 문제도 마찬가지다. 아빠는 딸을 정말 사랑한다. 그런데 맨날 옆에 와서 말은 안 하고 꼬집고 장난만 친다. 딸은 아빠가 자신을 사랑한다는 것을 머리로는 아는데 헷갈린다. 사랑의 방식이 딸의 방식이 아니기 때문이다.

하나님을 사랑하는가? 그러면 하나님의 방식, 하나님이 표현하신 말씀을 듣고 그것을 신뢰해야 한다. 하나님의 방식이 바로 '율법'이다. 그래서 하나님을 사랑할수록, 하나님이 제시하신 율법과 멀어지지 않는다. 율법과 사랑은 분리된 것이 아니다. 그래서 성화의 길은 율법을 따르는 길이다. 싱클레어 퍼거슨(Sinclair Ferguson)은 『온전한 그리스도』에서 사랑과 율법의 관계를 탁월하게 설명한다.

"계명은 철로와도 같다. 성령이 마음속에 부어 주신 하나님에 대한 사랑으로 움직이는 삶은 이 철로 위를 달린다. 사랑이 엔진에 동력을 제공하고, 율법은 올바른 방향으로 인도한다. 둘은 상호 의존적이다. 사랑이 율법과 별개로 작용할 수 있다는 생각은 착각일 뿐이다. 그것은 나쁜 신학일 뿐 아니라 잘못된 심리학이다. 올바로 사랑할 눈은 율법에서 빌려야 한다."[3]

성화를 이해하는 핵심 2. 그리스도와의 연합

'나는 과연 성화될 수 있을까?'

조금이라도 하나님 앞에서 변화되기를 시도해 본 사람이라면 생각하게 되는 질문이다. 성화는 결코 나 스스로의 힘으로만 이루어지는 것이 아니다. 하나님은 우리 삶이 성화되게 하실 때, 그것이 가능하도록 능력도 함께 부어 주실 것임을 약속하셨다. 그 능력의 근원은 바로 '그리스도와의 연합'에 있다. 거듭난 신자는 그리스도와 연합된 상태의 모든 복을 누린다.

에베소서는 연합의 교리를 '그리스도 안에서'(in Christ)라는 표현을 사용해 기록하고 있다.

> "찬송하리로다 하나님 곧 우리 주 예수 그리스도의 아버지께서 그리스도 안에서[in Christ] 하늘에 속한 모든 신령한 복을 우리에게 주시되 곧 창세전에 그리스도 안에서[in Christ] 우리를 택하사 우리로 사랑 안에서 그 앞에 거룩하고 흠이 없게 하시려고"(엡 1:3-4).

성경은 우리의 모든 성화 과정이 비인격적이라거나 개인적인 노력에 의해서 달성되는 것이 아니라, 예수 그리스도 안에서 일어나는 유기적인 일임을 말하고 있다.

'그리스도 안에 있다'는 말은 보이지 않는 영적인 상태를 표현한 것이지만, 그 이해를 돕는 비유적인 표현들이 있다. 예수님은 우리가 포도나무와 가지처럼 예수님께 붙어 있는 존재라고 말씀하셨다.

> "나는 포도나무요 너희는 가지라 그가 내 안에, 내가 그 안에 거하면 사람이 열매를 많이 맺나니 나를 떠나서는 너희가 아무것도 할 수 없음이라"(요 15:5).

우리는 예수 그리스도가 머리 되시는 교회의 지체, 몸의 각 부분이라고 설명하기도 한다.

"오직 사랑 안에서 참된 것을 하여 범사에 그에게까지 자랄지라 그는 머리니 곧 그리스도라 그에게서 온몸이 각 마디를 통하여 도움을 받음으로 연결되고 결합되어 각 지체의 분량대로 역사하여 그 몸을 자라게 하며 사랑 안에서 스스로 세우느니라"(엡 4:15-16).

핵심을 요약하자면, 하나님은 우리가 예수님과 함께 연합되게 하셔서 예수님으로부터 흘러나오는 모든 선한 것, 거룩한 것이 자연스럽게 스며들도록, 영향을 받도록, 누릴 수 있도록 만들어 주신다는 것이다.

아담과의 연합

반대의 상태를 생각해 보면 쉽다. 우리는 예수님과 연합하기 전에 첫 사람, 아담과 연합해 있었다. 아담을 통해 우리에게 죄가 들어왔다. 나는 아담을 본 적도 없고 아담을 따라가려고 한 적도 없지만, 나도 모르게 죄악을 향해 가고 죄에 끌리게 된다. 그것이 연합의 상태다. 우리는 본능적으로 악과 연합되었다는 것이 어떤 느낌인지 안다. 예수님을 만나기 전 우리의 모습은 아담과 연합된 모습이다.

그 반대의 경험이 바로 그리스도와 연합된 경험이다. 내가 억지로 애쓰지 않아도 하나님을 사랑하게 되고, 말씀에 끌리게 되고, 본능적으로 '하나님이 원하시는 것이 무엇일까?'가 고민되기 시작한다. 모든 행동이 완벽하게 변한 것은 아니지만, 범사에 하나님의 시선을 의식하게 된다. 그러다가 어느새 하나둘씩 행동과 생각이 변화되고, 중독의 습관이 고쳐지고, 끊을 수 없다고 생각했던 죄악을 벗어버리게 되는 것이다.

연합을 인식하기 시작할 때부터

'그리스도와의 연합'이라는 말은 우리의 영적인 상태를 나타내는 표현이기 때문에 쉽사리 잊힌다. 차라리 '사랑', '절제', '온유'와 같은 마음과 행동으로 실행할 수 있는 가치들에만 관심을 갖게 된다. 그러나 싱클레어 퍼거슨은 『거룩의 길』이라는 책에서 자신이 회심하게 된 순간을 기록했는데, 그 모든 변화의 결정적인 순간이 자신이 그리스도와 연합했음을 깨달은 때였다고 한다.

"예배를 마치고 교회를 나서면서 나는 삶에 대한 내 관점이 달라졌음을 깨달았다. 그리스도가 나에게 내주하고 계셨다! 나는 아무도 보는 사람이 없는지 확인하고 집까지 깡충깡충 뛰어서 갔다. 이는 내 인생에서 가장 기쁜 순간으로 손꼽힌다. 그때 나는 내가 어떤 사람인지 알게 되었다. 나는 주 예수께서 내주하러 와 주신 사람이었다.

그렇다. 이 진리를 깨닫는 것은 한순간이지만, 이 진리가 한 사람의 삶을 구성하는 모든 요소에 다 스며들려면 평생이 걸린다. 하지만 먼저 이 진리의 사실성을 깨닫지 않으면 그 과정은 절대 시작되지 않는다."[4]

구체적인 행동을 당장 변화시키려고 서두르지 말고, 먼저 하나님이 내 삶에 들어오셨음을 인식하는 것부터 시작하라. 내가 예수님과 연합해 있음을 고백하고 생각하는 것부터 시작하라.

방 안에 모기가 있다

먼저 인식하면, 그다음엔 모든 것이 달라진다. 거룩한 이야기를 하고 있는데 웃긴 이야기를 해서 미안하다. 한 가족이 더운 여름날 문을 열어 놓고 한창 잠을 자고 있었다. 그런데 그 가족들의 마음과 행동이 일시에 변화되는 순간이 있다. 모기 소리가 들릴 때다. 방 안에 모기가 있다는 것을 인식하는 순간, 그 순간이 중요하다. 모기를 잡는 것은 그 다음 이야기다.

모기가 있다는 것을 인식한 다음부터는 함부로 이불 밖으로 손과 발을 빼지도 못하고, 혹시나 모기 소리가 들리는 것은 아닌지 소리에 예민해지며, 잠을 포기하고 불을 켜고 모기를 찾기도 한다. 방 안에 나는 소리, 방 안에서 먼지가 날라다니는 것, 방 안 커튼이 살짝 움직이는 것 등 모든 것이 모기와 관련되어 느껴진다.

마찬가지다. 하나님이 정말로 중요한 분이시고, 내 안에 인식되기 시작하는가? 그러면 그때부터 변화는 정해진 것이다. 지금까지는 '내 삶에 왜 이렇게 힘든 일이 벌어졌을까? 이 고난을 빨리 극복했으면 좋겠다'라는 막연한 생각만 가지고 살았다. 그러나 이제 그 모든 것이 하나님과 관련된 것으로 보이기 시작한다. 하나님이 계심을 인식하기 시작했기 때문이다.

모기를 인식할 때부터, 방 안의 모든 움직임이 모기로 보인다. **하나님을 인식할 때부터, 모든 삶이 하나님과 관련되어 해석되기 시작한다. 내 삶의 모든 것이 내 안에 계신 주님과 관계된 것으로 보일 때부터, 성화가 시작된다.**

주님이 내 안에 계심이 요즘 느껴지는가? 걱정하지 말고 그 생각에만 집중하며 하나님과 동행해 보라. 훨씬 쉽게 성화의 열매를 맛볼 것이다.

성도의 견인(perseverance)

: 하나님으로부터 선택받은 성도가 은혜의 상태에서 떨어질 수 없다(구원을 상실할 수 없다)는 칼빈주의적인 교리 중에 하나. '성도의 궁극적인 구원'이라고도 한다. 여기서 '견인'이란 '성령께서 신자의 마음속에서 하나님의 은혜의 역사를 시작하시고, 계속하시어, 마침내 그것을 완성하시는, 성령의 계속적 역사'라 하겠다.

*『교회용어사전』(생명의말씀사)

7

[견인]
결코 실패하지 않는 길

자책, 자책, 자책

구원받은 성도들이 필연적으로 빠지는 어려움은 바로 '자책'이다. 한때 신앙생활을 열심히 했더라도, 인생의 어느 순간에 모두가 하나님을 등지고 죄와 사망에 빠져 허우적거릴 때가 있다. '내가 어떻게 이런 죄를 지을 수가 있지?', '내가 이렇게까지 무너질 줄은 정말 몰랐는데!', '내가 교회를 떠나다니. 내가 이렇게까지 하나님과 멀어지다니!'라고 자기 자신을 자책하면서, 우리는 문득 내 구원을 의심하기 시작한다.

'하나님이 결국 나를 버리신 것이 아닐까?'

버림받을 수 있는가

거듭난 신자, 참으로 예수님이 부르신 신자의 마지막은 어떻게 되는가? 성경은 그 마지막 구원은 이미 확실하며, 이미 보장되어 있다고 말한다.

> "너희 안에서 착한 일을 시작하신 이가 그리스도 예수의 날까지 이루실 줄을 우리는 확신하노라"(빌 1:6).

우리는 스스로의 타락이나 주변 사람들의 신앙적인 실패를 보면서, 과연 우리가 하나님이 택하신 것이 맞는지, 하나님이 버리신 것은 아닌지 자책하며 두려워할 때가 있다. 그러나 그리스도가 거듭나게 하시고 그리스도와 연합된 신자들은 어떤 고난과 실패를 경험하더라도, 결국은 인내하고, 결국은 회복하고, 결국은 돌아오며, 하나님이 주시는 영생을 경험하게 될 것이다. **견인이란 나의 끝없는 실패에도 불구하고 예수님의 공로에 근거하여 나의 구원이 궁극적으로 완성된다는 보증이다.**

안쪽 어딘가에 존재하는 아들

데이비드 셰프(David Sheff)라는 작가가 쓴 『뷰티풀 보이』라는 책이 있다. 자녀가 마약 중독에 빠져 그를 돌이키기 위해 애쓴 자신의 여정을 기록한 책이다. 아무리 설득해도, 아무리 채찍과 당근을 병행해 보아도 아들은 쉽게 변화되지 않았다. 그러다가 신앙도 찾아가고, 치료 과정도 밟게 되었다. 그 와중에 아들을 바라보는 자신의 생각이 변화되었음을 이렇게 적었다.

> "…진짜 닉은 안쪽 어딘가에 존재한다는 믿음이 생겨났다. 내 아들은-닉, 닉의 핵심, 닉의 자아는- 온전하고 안전하며 보호받고 있다. 강하고 해맑고 사랑이 가득한 닉은 다시는 등장하지 않을 수도 있다. 마약이 전투에서 승리해 닉의 몸을 차지할지도 모른다. 하지만 닉은 거기 어딘가에 있다. 닉이 거기 어딘가에 있는 이상 마약은 닉을 건드릴 수 없다. 그렇게 생각하니 숨통이 트였다."[1]

겉으로 보이는 내 아들이 아니라, 안쪽에 보존되고 있는 무언가가 있다는 믿음이 생겼다는 것이다. 성도의 견인이라는 것이 이와 같다. 우리는 표면적인 것을 보고 판단하려는 성향이 강하다. 계속해서 넘어지고 상황이 악화되어 가는 모습을 볼 때, 나 자신 혹은 내가 사랑하는 사람이 구원을 받은 것이 맞는지, 하나님이 사랑하시는 것이 맞는지 의심이 될 때가 있다. 그러나 그리스도 안에서 부르심을 받고, 그분과 연합되어 있다는 것을 고백했다면, 안쪽 어딘가에 존재하는 그리스도 안에 연합된 나를 기억하라. 세상의 죄악과 어둠이 나의 몸을 차지하고, 나의 생각을 차지할지 몰라도, 예수님은 나의 영혼을 굳게 지키실 것이다.

마지막 약속

예수님은 성경에서 마지막 때에 일어날 종말의 이야기를 가르쳐 주셨다. 많은 환난으로 육체적, 정신적 고통이 지속되며, 심지어 죽음을 경험할 수도 있다고 말씀하셨다. 그런데 그 마지막 결론을 약속해 주셨다.

"심지어 부모와 형제와 친척과 벗이 너희를 넘겨주어 너희 중의 몇을 죽이게 하겠고 또 너희가 내 이름으로 말미암아 모든 사람에게 미움을 받을 것이나 너희 머리털 하나도 상하지 아니하리라 너희의 인내로 너희 영혼을 얻으리라"(눅 21:16-19).

"너희의 인내로 너희 영혼을 얻으리라"고 말씀하셨다. 도대체 '영혼'이 무엇인가? '그리스도 안에 있는 진짜 나 자신'

이라고 해석하면 적절할 듯하다. 외모도 진정한 내가 아니다. 육체도 진정한 내가 아니다. 연봉이나 나의 커리어도 진정한 내가 아니다. 예수님을 알게 된 나, 예수님의 사랑을 받은 나, 예수님께 구원을 받은 나의 영혼이 진정한 나다. 이 세상에서 말하는 나의 부수적인 정의들은 무너져도, 오직 그리스도와 연합한 나의 영혼은 이 모든 고난을 딛고 하나님의 구원을 경험하게 될 것이라는 보장이다.

요즘 내가 자주 넘어진다고 낙심하지 말라. 사랑하는 사람이 방황하는 것 같다고 해서 불안해하지 말라. 하나님이 부르신 자는 분명히 머리털 하나도 상하지 않고 그의 영혼을 얻게 될 것이다.

결혼식이 다가올수록

견인의 교리에는 참 많은 오해가 있다. 결국에는 하나님이 택하신 사람들은 구원받고 돌아오게 된다는 교리이기 때문에, 방탕을 조장하게 된다는 것이다.

'아무리 죄를 지어도 하나님이 돌아오게 하실 것이라면, 내가 지금 마음대로 살아도 되는 것 아닌가? 아무리 실패해도

결국 천국 가게 해주실 것이니, 이 땅에서는 다른 곳에 관심을 좀 가져도 되는 것 아닌가?'

내 삶에 정말로 중요하며, 정말로 위대한 일이 점점 다가오고 있다는 것을 진실로 믿는 사람은 결코 방탕하게 살 수 없다. 최근 내가 섬기는 교회에서는 청년들이 결혼을 많이 한다. 그런데 결혼식이 다가올수록 난리가 난다. 형제들과 자매들이 피부 관리를 하겠다며, 체중을 줄여야 한다며, 온갖 다이어트를 시작하고 헬스 트레이닝을 받기도 한다. 아무리 맛있는 음식이 있어도 절대 먹지 않는다.

생각해 보라. 어차피 결혼은 정해진 일 아닐까? 결혼식이 2주밖에 남지 않았는데, 지금 헤어질 리는 없지 않은가? 그러니까 결혼식이 다가올수록 대충 하고, 좀 마음을 놓고, 편하게 지내도 되는 것 아닌가?

결코 그렇지 않다! 우리는 절대 그럴 수 없다는 것을 직관적으로 알고 있다. 결혼식이 다가올수록 두근거리고, 결혼식이 다가올수록 긴장된다. 배고파도 끝까지 견딘다. 너무 피곤하고 힘들어도 끝까지 운동한다. 결혼식이 삶에 너무나 중요하고 영광스러운 일이기 때문이다.

중요한 일, 가장 귀한 일, 내 인생을 결정짓는 일을 앞두고 있는 사람은 결코 방탕할 수 없다. 견인의 교리가 삶을 방탕으로 이끈다고 생각하는가? 그것은 하나님과 마주하고, 삶이 결산되며, 우리가 행한 모든 일이 낱낱이 드러나고, 예수 그리스도의 공로로 내 죄악의 용서와 영생이 선포될 날에 대한 가치를 제대로 인식하고 있지 못한 것이다.

확실하기에 포기하지 않는다

하나님이 우리의 구원을 완성시키신다는 견인 교리를 믿는다면, 나는 이제 결코 포기할 수 없다. 포기하지 않을 이유가 생긴다. 확실하기 때문이다! 완성될 것이 확실하기 때문이다! 결혼식이 열릴 것이 확실하기 때문이다! 인생에 확실함만큼 내 삶에 열정을 불어넣는 것은 없다.

한 나이 어린 동기 목사님이 젊어서부터 탈모 진행이 빨라, 해결을 위해 많은 고민을 했다. 전도사 시절 신학대학원 기숙사에 함께 살았는데, 자신이 얼마나 오랜 기간 엄청난 돈을 쓰고, 수많은 실험을 했는지 이야기하는 것을 들은 적이 있다. 다행히, 그는 해답을 찾았다. 젊은 사람의 탈모를 멈추게 만드는 가장 효과적인 방법을 알아낸 것이다.

그즈음 우연히, 젊어서 탈모가 진행되고 있던 또 다른 내 친구를 만나게 되었다. 기숙사에 돌아와서 그 목사님에게 내 주변에도 비슷한 사람이 있다고 말했다. 그랬더니 이 목사님이 갑자기 나에게 가까이 오면서 열변을 토했다.

"제가 그 친구 선물 좀 사 주고 싶은데요."
"무슨 선물?"
"그 친구한테, 제가 약 좀 선물해 주고 싶은데요."
"무슨 약?"

그 목사님은 거의 눈물을 그렁거리며 말했다.

"제가 진짜 너무 그분이 불쌍하고, 저도 다 해봐서 이 말씀을 드리는 거예요. 탈모는요, 열심히 관리한다고 되는 게 아니에요. 하루라도 빨리 바른 방법을 찾아서 막아야 하는 건데요. 탈모는요, 제가 소개해 드리는 약을 먹어야 낫는 거예요. 약을 먹어서 속도를 늦춰야 해요. 제가 아는 그 약만 먹으면 나아요. 모르는 분이지만 형이랑 친하다고 하니까 선물이라도 해드리고 싶어요. 정말 확실한 방법이거든요. 저는 이 방법에 확신이 있어요. 절대로 포기하지 말고, 제 말대로만 따라 하라고 전해 주세요. 계속 먹으면서 버티라고 전해 주세요."

그가 가진 확신이 느껴지는가? 확신만 있으면, 포기하지 않게 된다. 확신만 생기면, 어떤 어려움에도 전진할 수 있다.

하나님이 구원하실 것을 확신하는가? 하나님이 내 삶의 모든 행동에 보상하실 것을 확신하는가? 확실함을 보장해 주는 것이 견인의 교리다. 인생에 폭락이 왔다고 신앙을 버리지 말라. 포기했던 순종을 다시 시작하라. 하찮게 여겼던 기도 생활에 다시 불을 붙이라. 고난이 왔다고 하나님의 말씀을 버리지 말고 끝까지 견디라. 이것이 성도의 견인이라는 교리가 우리에게 주는 열정이다.

"성도들의 인내가 여기 있나니 그들은 하나님의 계명과 예수에 대한 믿음을 지키는 자니라"(계 14:12).

"너희에게 인내가 필요함은 너희가 하나님의 뜻을 행한 후에 약속하신 것을 받기 위함이라"(히 10:36).

"또 너희가 내 이름으로 말미암아 모든 사람에게 미움을 받을 것이나 끝까지 견디는 자는 구원을 얻으리라"(마 10:22).

8

내 삶의 주제로 성화되어 가기

내가 구원받고 성화되는 삶을 살아감에 있어서 가장 중요한 균형의 문제를 다루고자 한다. 구원받았다면, 하나님은 분명히 평생 나의 성화의 과정에 함께하실 것이다. 그런데 하나님이 어디서부터 내 삶에 성화를 일으키시는가? 꼭 기억하라. 부분적으로, 한 가지씩, 균형이 깨지는 방식으로 일하신다.

성화의 주제 발견하기

　균형이 깨진다는 것은 반대로 말하면, 집중하는 부분이 있다는 말이다. 구원의 서정이라는 이론은 우리에게 구원 전체를 균형 있게 이해하게 해준다. 그러나 성화는 우리에게 불균형적으로 일어난다. 신자 각자의 상황에 맞는 집중적인 성화의 주제와 과정들이 개별적으로 펼쳐진다는 말이다.

성화의 여정에 참여하고 싶다면, 먼저 주제를 정하라. 삶에서 가장 문제가 되는 부분을 분석해 보라. 그리고 그곳에서 지금까지 배운 구원의 서정에 관련된 교리들을 적용해 보라. 하나님이 행하시는 변화는 나에게 특화되어 있다. 사람마다 보편적인 접근이 있는 것이 아니다. 내가 가장 고민하며, 최근에 힘들어하는 한 가지 주제에서부터 성화의 여정을 시작해야 한다. 내가 직접 경험한 성화의 주제들을 몇 가지 소개하면 훨씬 이해가 쉬울 것 같다.

회사를 다니지 않아도 되는 사람들

회사에 입사한 후, 열심히 일을 하기 시작했다. 이 회사에는 나처럼 열심히 공부하고 취업해 승진하는 비슷한 사람들이 많이 있으리라 생각했다. 물론 그런 사람들도 많았다. 하지만 막내로서 부서 직원들의 연명부를 정리하면서, 숨겨진 사실을 알게 되었다. 이 회사에는 '회사를 다니지 않아도 되는 사람들'이 회사를 많이 다니고 있었다는 사실이었다. 열심히 돈을 벌 필요가 없는 사람들이 많았다. 주변 동료들, 그리고 잘나가는 윗사람들의 가족 관계, 그 사람이 사는 곳, 그 사람의 부모가 누구인지를 들으면서 점점 그 충격이 심해졌다.

혹시 그 사람들이 회사에서 여러 가지 비리를 저지르며 태만하게 일하지 않을까 싶었다. 아니었다. 그들은 더 열심히 일했다. 나보다 훨씬 실력과 커리어가 좋았다. 내가 도저히 따라잡을 수 없을 것 같았다. 하나님이 나를 이곳에 보내신 것이 감사했지만, '과연 내가 있을 곳인가?'라는 의구심마저 들었다.

평범한 직장 생활에서 내가 붙들었던 교리가 무엇인 줄 아는가? 그게 '부르심'이었다. 내가 열심히 공부하여 이 직장에 들어온 것 같지만, 하나님이 부르셔서 이곳에 왔다는 것, 다른 사람보다 실력이 부족하고 밀릴 것 같아 보이지만, 하나님이 분명히 이끄실 길이 있다는 것, 커리어와 집안 환경, 스펙으로 한참 뒤처지는 것 같아 보이지만, 부르심이 있다면 기죽을 필요가 없다는 것, 그것이 내 직장 생활을 이끌었다.

하나님은 나를 '부르심'만 의지하는 자가 되도록 성화시켜 가셨다. 과도하게 성과를 통해 나를 증명하려 하지 않았다. 실력에 대한 객관적인 부족함이 있을 때에도 변명하려

하지 않았다. 이 회사로 부르신 것이 하나님이시라면, 분명히 '효력'도 있을 것임을 믿었다. 매일 회사를 다녔고, 똑같은 하루가 반복된 것 같았지만, 하나님은 그 직장 속에서 나를 성화시켜 가셨다.

그 부르심에 기반한 나의 구원이 훈련되고 나니, 개척은 오히려 쉬웠다. 내가 개척을 할 수 있는 자격이 있을지, 어떤 성도가 나를 인정해 줄지 고민이 될 때마다 하나님이 내 삶을 부르심에 기반하여 마음을 새롭게 하는 방식을 배웠기 때문이다. 하나님은 직장 생활의 기간 동안 특별히 내가 부르심만 의지하는 자가 되도록 성화되게 하셨다.

대리운전자로 견인하신 예수님

'성도의 견인' 교리를 특별히 신뢰하게 하시며, 나를 성화시켜 가신 하나님의 일하심도 있었다.

직장에서 부서 배치가 진행되는 교육 과정 중에 있었던 일이다. 공장에서 현장 교육을 받고 있었는데, 성적에 따라 부서 배치가 예정되어 있었다. 하지만 나와 경쟁하는 동료는 만만한 상대가 아니었다. 선배들이 인정하는 다방면의 능력을 가진 인재였다. 업무도 잘하고, 운동도 잘하고, 술도 잘 마셨다. 유머감각도 있었다.

선배들이 사람들을 평가할 때, 업무 능력뿐만 아니라 원만한 대인 관계 능력을 평가한다는 것을 왜 모르겠는가. 나는 여러모로 밀리는 듯했다. 업무는 열심히 할 자신이 있었지만, 술도 마시지 않고, 운동신경도 전혀 없었기 때문이다. 업무 외적인 이런 요소들이 나의 직장 안에서의 진로를 가로막는다는 게 억울하기도 했다.

어느 날, 회사 체육대회에서 아무 역할도 못하고, 뒤에서 나의 경쟁자가 축구로 활약하는 모습을 보았다. 체육대회가 끝나고 착잡한 마음을 가지고 회식을 하는데, 거기서 선배가 대놓고 나를 조롱하기 시작했다.

"창희 씨, 축구를 못하면 술이라도 마셔야지. 술은 잘하나?"

신앙인으로서 술을 마시지 않는다고 답했다. 선배는 술을 마시지 않는 것을 계속해서 물고 늘어졌다.

"도대체 창희 씨는 축구도 못하고, 술도 못 마시고, 그럼 잘하는 건 도대체 뭔가?"

비수와 같이 꽂힌 말이었다. '너는 아무것도 마음에 들지 않는다'는 말이었다. 주님께 연약한 나를 인도해 달라고 기도해 왔다. 그러나 아무것도 할 줄 모른다는 평가는 치명적이었다. 늘 기도했던 것은 '견인'과 관련된 교리였다. 하나님이 내 삶에 구원을 허락하시고, 그 구원은 영생의 구원뿐만 아니라 어떤 고난에도 성도의 삶이 믿음을 지키고, 계속 진행해 나갈 수 있도록 힘과 능력을 공급한다는 고백이었다. 그래서 늘 기도했다. 그때 했던 기도가 있다.

"하나님, 하나님의 구원의 약속은 내 안에 근거가 있지 않습니다. 내 상황에 있지도 않습니다. 어떤 상황에서도 나를 구원하시고 이끌어 가실 주님을 신뢰합니다. 타협하진 않겠습니다. 하지만 답은 보이지 않네요. 알아서 저를 구원해 주세요."

하지만 구원은 그때부터였다. 선배는 대화를 그만둘 법도 한데, 이어서 나에게 질문을 던졌다.

"그럼 도대체 뭘 잘하나? 혹시 운전은 할 줄 아나?"

나는 운전을 잘했다. 운전은 잘한다고 답했더니, 갑자기 내 눈을 쳐다보며 추가적으로 질문을 던졌다.

"그래? 혹시 스틱도 잘하나? 요즘 애들 잘 못하는데."

하지만 나는 운전을 좋아해서 스틱 운전도 잘했다. 그러자 선배가 나를 보고 미소를 지으며 갑자기 말하기 시작했다.

"오, 그래? 그럼 내 차가 스틱인데, 창희 씨는 술 마시지 말고 계속 있다가 나 좀 데려다 줘. 대리운전 비용을 아낄 수 있겠네! 여기 있는 안주 많이 먹어. 누가 술을 권해도 술은 절대 마시지 마! 내가 지켜 줄게. 알았지?"

하나님은 내 기도에 응답하셨다. 술을 마시지 않는 신앙적인 표현이 회사 안에서 언제나 부정적으로 작용할 줄만 알았는데, 하나님은 오히려 그것이 내게 무기가 되게 하셔서 내 삶에 길을 여셨다.

나는 졸지에 대리운전 기사가 되었다. 내가 술을 마시지 않아서 선배의 차를 대신 운전해 준다는 말을 듣고, 주변 선배들이 자신도 데려다 달라며 내가 운전하는 차에 몰려들었다. 나는 선배들을 모셔 가며 전도도 하고, 이야기도 나누며 친목을 다졌다.

주님은 내가 축구를 못하는 것을 아셨다. 술도 안 마시는 것을 아셨다. 내가 운전을 할 줄 안다는 것도 아셨다. 미리 모든 것을 아셨던 하나님이 나의 신앙의 발버둥 속에서 내가 아무것도 할 수 없을 때, 길을 여셨다.

그때 내게 생긴 확신이 있다. 끝까지 하나님의 구원만 믿어야 한다는 것을 말이다. 나는 웬만큼 신앙에 대해서 타협하지 않는 사람이었다. 그렇기에 큰 문제도 없었다. 하지만 하나님은 나에게 너무나 집요한 사람들을 통해서 하나님 앞에 엎드리게 만드셨다. 일부러 술 문제로 더욱 강하게 공격하는 사람을 만나게 하셨다. 일부러 내 운동 실력이 내 평가를 막을 것 같은 부서로 나를 이끄셨다. 거기서 나를 다시 성화시키셨다. **직장 안에서 나의 실패, 나의 부족에도 불구하고 궁극적으로 나의 삶을 완성하시고 구원하실 하나님만 의지하는 것, 그것이 내 견인 교리의 실제적 이해였다.**

선택적으로 강조하신 예수님

이제 느껴지는가? 모든 사람이 상황과 개인의 기질이 너무 천차만별이기에, 교리의 이론을 외우는 것으로는 결코 교리가 삶 속에 체험되지 않는다. 단어의 설명을 외우는 것은 결코 교리의 적용이 아니다. 나만의 '칭의' 교리가 있어야 한다. 요즘 내 삶에 적용되는 '성화'의 한 문장이 있어야 한다. 내게 '회개'하는 특정 주제가 있어야 한다. 보편적인 전체의 삶을 변화시키려고 하지 말고, 먼저 내 삶에 가장 중요하고, 가장 문제가 있는 한 가지 주제에만 집중해야 한다.

데이비드 폴리슨(David Powlison)은 『일상의 성화』라는 책에서, 교리가 삶에 적용될 때 균형이 깨지는 것이 당연하다고 설명한다.

> "예수님은 만나는 사람의 상황과 시기에 따라 적절하게 총체적인 진리의 균형을 깨뜨리며 특정 진리들을 선택적으로 강조하셨다. …예수님은 한 가지씩 말씀하셨지, 한 번에 모든 것을 다 말씀하지 않으셨다. …또한 그리스도의 십자가 역시 단 하나가 아닌 여러 의미를 담고 있다는 사실을 알아야 한다. …상황에 따라 진리의 균형을 깨뜨려 일면을 강조하고, 또 때로는 다시 진리의 균형을 잡는 것은 우리가 성화되고 다른 이들을 섬기는 데 있어 매우 중요한 원리다."[1]

구원의 서정, 특별히 성화의 과정 속에서 교리를 나만의 문장으로 만드는 작업을 지속하라. 그 한마디 문장, 삶의 한 가지 영역에 집중할 때, 나머지 삶도 총체적으로 하나님 앞에서 균형 있는 신앙생활을 할 수 있게 될 것이다.

부록

다음은 교리별로 적용을 돕기 위해 만든 기도문이다.
교리가 적용될 수 있는 일상의 실제적인
상황을 가정해 기도문을 작성했으니,
자신의 상황을 묵상하며 기도해 본다면
교리를 더욱 깊이 이해하고
삶에 적용하는 데 도움이 될 것이다.

부르심 — 다양한 적용 기도

하나님이 나를 부르셨다. 하나님이 부르지 않으시면 의미를 찾을 수 없다. 이것은 구원의 부르심도 맞지만, 내 인생의 특정 영역에 나를 이끌어 가실 때에도 적용될 수 있는 부르심이다.

● **회사에서 원하는 부서가 아니라서 일에 열정이 생기지 않을 때**

"하나님, 이 부서로 저를 부르신 분은
궁극적으로 제 상사가 아니라 하나님이십니다.
따라서 제가 원하지 않는 업무 속에서도
성실히 일을 감당하며
제 미래를 하나님께 의탁하기를 원합니다.
저를 인도하소서."

● **탁월한 실력과 재능을 인정받아 높은 자리에 올랐을 때**

"하나님, 이곳에서 다른 사람들에게
제 실력을 인정받게 해주셔서 감사합니다.
그러나 하나님이 제게 이 재능을 주시고

저를 이곳으로 부르신 것은
제가 남들보다 선하거나, 남들보다 열심히 살았거나,
남들보다 하나님 앞에 의로워서가 아니라,
전적으로 하나님의 은혜로 부르심을 받은 것임을
기억하기 원합니다.
실력과 성과를 근거로 다른 사람을 깔보거나
저 자신에 대하여 우쭐하지 않도록 인도하소서."

● 내가 속한 가정의 모습이 너무 마음에 들지 않을 때

"하나님, 가정에 많은 문제가 있지만,
제가 '원하는' 가정을 만들려고 가족들을 정죄하고
변화시키려 하기보다,
지금 이 가정으로 저를 '부르신' 일이 무엇인지를
먼저 고민하게 하소서.
이 가정으로 저를 부르셨다면,
좋지 않은 상황 속에서도
하나님이 제게 원하시는 역할이 있음을 믿습니다.
그 뜻을 먼저 구하게 하소서."

거듭남 — 다양한 적용 기도

거듭남은 내 영혼의 새로운 탄생이다. 하나님이 내 영혼을 태어나게 하셨기에, 나의 삶에는 목적이 있다. 하나님만이 하시는 일이기에, 변화되지 않는 다른 사람들에게도 소망을 가질 수 있다.

● 내가 원하는 감정대로
  행동하고 싶어질 때

"하나님, 저는 영적으로 다시 태어난 사람입니다.
따라서 저를 창조하신 영적인 아버지의 뜻이
저를 주장하기를 원합니다.
제 감정과 제 원함이
저 자신의 주인이 되지 않게 하소서.
하나님의 목적이 저를 이끌게 하소서.
하나님이 계시다면, 인생에는 감정을 넘어선
분명한 '옳고 그름'이 있음을 알게 하소서.
끌리지 않아도, 해본 적이 없어도
매 순간 하나님의 뜻과 그 목적을 먼저 묻게 하소서."

- 변화되지 않고, 하나님을 믿지 않는
  사랑하는 사람을 바라볼 때

"하나님, 오직 거듭남은
하나님의 주권에 속한 것임을 믿습니다.
사람의 지혜로, 사람의 선함으로
하나님을 만날 수 없습니다.
제가 원하는 대로 변화되지 않는
제가 사랑하는 사람을 주님께 올려 드립니다.
제가 그를 인간적인 힘으로
변화시키려 하지 않게 하시고,
잠잠히 주의 뜻을 구하되 소망을 가지고
기다리게 하소서."

- 고난의 의미를 고민할 때

"하나님, 저를 영적으로 태어나게 하시기 위해
못 박히신 흔적을 기억하기 원합니다.
생명을 탄생시킨 어머니의 몸에 흔적이 남듯이,
저도 하나님의 뜻대로 살다가 받게 되는
상처와 비난을 흔적으로 받아들이게 하소서.
그 흔적을 가지고 주님 앞에 서게 하소서."

회개 — 다양한 적용 기도

예수님이 죄의 형벌을 대신 받으셨기에, 나의 삶에는 형벌이 없다. 회개 속에는 나의 속죄가 없다. 오직 예수님의 속죄만 있을 뿐이다. 내 삶에 펼쳐지는 것은 결코 형벌이 아니다. 그분의 공로를 감사하며, 나는 죄에서 돌이켜 예수님을 닮아 가는 길을 걷는다.

● 인간적인 행동으로
  죄책감을 지우고 싶을 때

"하나님, 저는 제 행동으로 제 죄를
씻을 수 없는 존재입니다.
저의 죄는 예수님이 십자가의 피로
대신 씻어 주셨음을 기억하기 원합니다.
죄를 씻으려 기도하는 것이 아니라,
죄를 씻으신 예수님을 잊었음을 슬퍼하기 원합니다.
저는 죄가 덜 씻긴 것이 아닙니다.
이미 죄를 씻으신 주님을 잊은 것입니다.
제가 그분의 마음과 그분이 행하셨던 일을
다시 기억하게 하옵소서."

● 내가 죄를 지어서 하나님이 내게 심판하신다는 생각이 들 때

"하나님, 제 죄의 모든 형벌은
예수님이 십자가에 가져가셨음을 믿습니다.
하나님은 제게 화나셔서 저를 심판하시는 분이 아닙니다.
예수님을 십자가에서 심판하셨기에,
저는 심판받지 않습니다.
다만 저를 돌이키기 원하시는 아버지 하나님의 사랑으로
이 상황을 받아들이기 원합니다.
제가 배울 것, 제가 고칠 것, 제가 변화될 것을
저에게 가르쳐 주시고,
즐거움으로 그 길을 걷게 하소서."

● 회개를 단순한 입술의 고백으로 그치게 될 때

"하나님, 회개는 고백이 아니라
예수님의 속죄를 깨달은 자의
'삶의 반응'임을 기억하게 하소서.
생각이 변하고, 습관이 변하고, 스케줄이 변하고,
눈빛이 변화되기를 원합니다.
평생 예수님의 속죄 앞에 반응하게 하소서.
평생 참된 회개의 길을 걷게 하소서."

믿음　다양한 적용 기도

믿음은 내가 가진 능력이 아니라, 하나님이 내게 주신 구원의 수단일 뿐이다. 하나님과 가까워질수록, 자연스럽게 그 믿음은 단단해진다. 믿음이 깊어질수록, 내 믿음의 크기를 자랑하지 않고, 믿을 만한 그분만을 자랑하게 된다.

● 신앙적인 행위를 열심히 해야
　구원받는다는 생각이 들 때

"하나님, 제가 경건한 행위들을 많이 할수록
구원받는 것이라고 착각하지 않게 하소서.
삶의 여러 과정 속에 하나님을 신뢰하게 되는 것이지,
제가 억지로 만들어 낼 수 있는 것이 아님을
인정하게 하소서. 저를 구원하신 예수님을
신뢰하고 있다면, 제 일상이 부족해도
저는 구원받은 자임을 확신하게 하소서."

● 삶에서 벌어지는 일에 대한
　영적인 해석이 무뎌질 때

"하나님, 제 삶에 벌어지는 모든 일은

제 믿음을 온전히 자라게 하시는
하나님의 세밀한 계획임을 믿습니다.
이 상황 속에 하나님을 신뢰하고
담대히 실행해야 할 제 행동이 있다면 깨닫게 하옵소서.
이 상황 속에서 하나님이 저에게 원하시는
믿음을 발견하게 하소서."

● 경건한 삶의 모습을 근거로 내 믿음을 자랑하려고 할 때

"하나님, 믿음은 수단이기에,
자랑의 대상이 아님을 명심하게 하소서.
제가 죽음이라는 폭포를 걸어갈 수 있는 것은
예수님의 능력이지,
제가 예수님을 신뢰한 것이
공로가 될 수 없음을 고백합니다.
저로 하여금 자신을 신뢰하게 하신
예수님만 자랑하게 하소서."

칭의 — 다양한 적용 기도

나는 예수님의 죽으심과 부활 때문에, 하나님으로부터 오는 은혜를 받기에 이미 충분한 존재가 되었다. 이 땅의 다른 요소를 통해 내 삶이 충분하다, 부족하다 판단하지 않는다. 하나님이 지금 충분하다고 말씀하신 칭의의 선언 하나만으로, 나는 오늘을 살아간다.

● 원하는 목표 성취에 실패했을 때

"하나님, 하나님은 제가 실패한 상황에서도 저를 충분히
하나님의 은혜를 받을 만한 존재로 여기십니다.
아직 살아서 할 일이 있고, 여전히 가치 있는 존재로
여기십니다. 다른 사람들은 제가 더 살 필요가 없다고,
앞으로의 삶은 가치 없을 것이라고 말하지만,
이 자리, 이곳에서 저를 충분하다고 인정하신 분은
하나님이십니다. 제가 이곳에서 하나님의 뜻대로
계속 일해 보기를 원합니다."

● 외모를 근거로 자신의 삶을 규정하려고 할 때

"하나님, 외모로 상대방에게 인정받아야만
제 인생이 행복하고 충분하다고 생각하지 않기 원합니다.

하나님은 지금 제 삶을 충분하다고 여기십니다.
그 연인과 헤어졌고, 그 원인이 외모 때문이라는
제 안과 밖에서 들리는 목소리에 속지 않겠습니다.
외모 때문에 불행해질 것이라고 생각하지도 않겠습니다.
외모를 고치고 나서야 인정받는 것이 아닙니다.
외모에 손대지 않아도, 저의 이 형편 속에서
앞으로 제게 주시는 새로운 만남과 새로운 여정이
제 삶에 가장 큰 행복일 것을 믿습니다."

● **재정적인 능력이 없어서
삶이 무너질 것이라 생각될 때**

"하나님, 돈이 충분해야 삶도 충분한 것이라면,
제 인생은 평생 충분하지 않을 것입니다.
하나님은 지금 제 상황에 관계없이 제가 하나님의 복을
받기에 충분하고 합당하다고 여겨 주십니다.
그렇다면 돈이 부족한 이 상황도 하나님이 제게 주신
은혜의 일부로 해석하기를 원합니다.
열심히 경제생활을 하겠지만, 제한된 재정 능력 때문에
행복을 빼앗길 것이라고 생각하지 않겠습니다.
저의 모든 만남과 재정적인 인도하심을
주님께만 의탁합니다."

성화 — 다양한 적용 기도

성화는 하나님이 내게 주신 족쇄가 아니라, 손을 씻는 즐거운 일이다. 하나님의 방식대로 성화의 길을 걸으면, 이전보다 훨씬 더 행복해진다. 훨씬 기뻐진다. 성화는 그리스도인들에게만 주어진 삶의 특권이다.

● **하나님이 다 용서해 주셨으니 다시 죄를 지어도 된다는 생각이 들 때**

"하나님, 성화는 억지로 하는 훈련이 아니라,
죄의 오염을 씻는 과정임을 기억하게 하소서.
오염된 제 삶을 씻지 않으면, 분명히 하나님이
삶의 다른 영역에서 주시는 기쁨도 오염될 것입니다.
가장 좋은 것을 주시는 하나님을 신뢰하기 원합니다.
성화는 기쁨의 과정이라는 확신을 가지고,
성화의 길에 참여하게 하소서."

● **하나님의 율법이 내게 족쇄가 된다는 답답함이 들 때**

"하나님, 하나님의 성품을 오해하지 않기 원합니다.

제 눈에 즐거워 보이는 것을 하나님이 금하실 때,
저의 감정보다 하나님을 신뢰하게 하소서.
제가 기뻐하는 행동을 하나님이 원치 않으실 때,
저의 원함보다 하나님의 방법이 줄 기쁨을
따르게 하소서.
하나님은 기쁨과 즐거움의 근원이십니다.
그렇다면 하나님이 제게 명하시는 삶의 방식도,
궁극적으로 저에게 가장 큰 즐거움과 기쁨을
줄 것임을 믿습니다."

● 삶의 순간순간
주님을 인식하지 못할 때

"하나님, 저는 그리스도와 연합된 존재임을 믿습니다.
아담의 원죄 아래 있을 때에는
가만히만 있어도 죄를 찾고, 죄를 생각했습니다.
하지만 이제 제 주인은 예수님으로 바뀌었습니다.
예수님을 의식할수록, 계속해서 그분으로부터 오는
선한 변화들이 제 삶을 가득 채울 것임을 믿습니다.
특정한 순간, 특정한 문제에만
주님을 찾는 것이 아니라, 언제나 주님을 생각하며
주님이 주시는 복을 누리게 하소서."

견인 — 다양한 적용 기도

나는 넘어져도, 하나님의 계획은 실패하지 않는다. 하나님이 내 영혼을 태어나게 하셨기에, 어떤 고난 중에도 끝까지 견디게 하실 것이다. 아무리 밑바닥까지 무너졌어도, 나는 다시 일어날 것이다. 나는 내게 주어진 상황을 바라보지 않고, 견디게 하시는 그분을 믿기 때문이다.

● 내 모습에 근거하여 나의 구원을 의심할 때

"하나님, 하나님의 구원의 약속은
제 안에 근거가 있지 않습니다.
오직 예수님의 공로 때문에
저의 구원은 이미 보장된 것임을 확신하기 원합니다.
아무리 무너져도, 예수님의 십자가는 무너지지 않고
영원함을 고백합니다.
저를 구원하신 주님만 찬양하게 하소서."

- ### 사랑하는 주변 신앙인이 방황하는 모습을 볼 때

"하나님, 제가 사랑하는 사람이 방황하는 모습을 보며
제 마음이 매우 어렵습니다.
하나님이 저 사람을 버리시는 것은 아닐까 염려됩니다.
그러나 하나님이 구원하기로 작정하신 자들은
어떠한 방황을 지나도
궁극적으로 구원으로 이끄실 것을 믿습니다.
사랑하는 사람이 행하는 순간의 방황 때문에
상대의 구원을 향한
제 소망이 식어지지 않게 하소서."

- ### 구원받은 현재의 삶에 안주하려는 생각이 들 때

"하나님, 제 삶의 마지막 구원의 완성은
아직 오지 않았음을 기억하게 하소서.
제 인생에 가장 중요한 날은 아직 오지 않았기에,
저는 그날을 준비해야 할 책임이 있음을 깨닫게 하소서.
결혼식을 앞둔 신랑, 신부처럼
어린양의 혼인 잔치가 열리는 날까지,
제 몸과 영혼이 주님 앞에 서기 위해
깨끗하게 준비되게 하소서."

주

1. [부르심] 엄마가 부르지 않는 아이

1) 유희열·카카오엔터테인먼트, 『밤을 걷는 밤』(위즈덤하우스, 2021), p. 15.
2) 앤서니 후크마, 『개혁주의 구원론』(부흥과개혁사, 2012), p. 124, 129.
3) 강웅산, 『구원론』(말씀과삶, 2016), p. 151, 153, 169, 174.
4) 이수구, 『삿포로의 빛나는 십자가』(좋은씨앗, 2020), p. 42.
5) 같은 책, p. 43.
6) 같은 책, p. 44.

2. [거듭남] 나는 태어나기로 결정한 적이 없다

1) 개혁주의 신학자 앤서니 후크마는 '부르심'을 '거듭남'과 거의 동일하게 여기는 입장을 이렇게 설명한다. "나는 거듭남과 효력 있는 부르심을 동일한 것이라고 생각하는 편을 선호한다. 이런 관점에는 선례가 있다. 17세기 신학에서는 이 둘을 일반적으로 동일시했다. 더 최근에는 어거스터스 홉킨스 스트롱과 헤르만 바빙크가 이와 동일한 입장을 취했다. 효력 있는 부르심은 하나님이 복음을 듣는 이로 하여금 회개와 믿음으로 반응할 수 있게 하시는 하나님의 주권적인 사역이므로 거듭남과 다르지 않다. 이 두 표현은 새 생명의 수여(거듭

남) 또는 복음의 초청에 믿음으로 반응할 수 있는 능력의 수여(효력 있는 부르심)라는 서로 다른 비유를 통해 영적인 사망에서 영적인 생명으로의 변화를 기술한다." 앤서니 후크마, 『개혁주의 구원론』, p. 153.

2) 앤서니 후크마, 『개혁주의 구원론』, p. 138, 141.

3) Brad J. Kallenberg, "The Master Argument of MacIntyre's 'After Virtue,'" p. 26. 논문을 직접 번역한 것으로, 일부 문장은 의역 및 생략했다.

4) 헤르만 바빙크, 『개혁교의학 4』(부흥과개혁사, 2011), p. 138.

5) 『웨스트민스터 신앙고백서』 10장 3항.

6) Timothy J. Keller, *On Birth*(Penguin Books, 2020), p. 82-83. 팀 켈러, 『태어남에 관하여』(두란노, 2020).

3. [회개] 잘못을 인정했다고 용서해 주면 안 된다

1) 헤르만 바빙크, 『개혁교의학 4』, p. 188-189.

2) 앤서니 후크마, 『개혁주의 구원론』, p. 265.

3) 프란시스 투레틴, 『칭의』(솔로몬, 2018), p. 137.

4. [믿음] 믿음을 '통해' 구원받는다

1) 김효남, 『믿음을 말하다』(세움북스, 2020), p. 51.

2) 존 머레이, 『구속』(복있는사람, 2011), p. 178, 180-181.

3) 박완서, 『모래알만 한 진실이라도』(세계사, 2020), p. 43.

4) 같은 책, p. 44.

5. [칭의] 내 상태가 좋지 않아도 상관없다

1) 존 머레이, 『구속』, p. 178, 180-181.
2) 형벌과 징계의 차이에 대해서는 3장을 참조하라.
3) 프란시스 투레틴, 『칭의』, p. 128-130.
4) 같은 책, p. 119-120.

6. [성화] 손을 씻는 것은 즐거운 일이다

1) 앤서니 후크마, 『개혁주의 구원론』, p. 274.
2) 월터 마샬, 『성화의 신비』(복있는사람, 2010), p. 199.
3) 싱클레어 퍼거슨, 『온전한 그리스도』(디모데, 2018), p. 226-227.
4) 싱클레어 퍼거슨, 『거룩의 길』(복있는사람, 2018), p. 103.

7. [견인] 결코 실패하지 않는 길

1) 데이비드 셰프, 『뷰티풀 보이』(시공사, 2019), p. 398.

8. 내 삶의 주제로 성화되어 가기

1) 데이비드 폴리슨, 『일상의 성화』(토기장이, 2021), p. 44-45, 55-56.

사명선언문

너희가 흠이 없고 순전하여……세상에서 그들 가운데 빛들로
나타내며 생명의 말씀을 밝혀 _ 빌 2:15-16

1. 생명을 담겠습니다
만드는 책에 주님 주신 생명을 담겠습니다.
그 책으로 복음을 선포하겠습니다.

2. 말씀을 밝히겠습니다
생명의 근본은 말씀입니다.
말씀을 밝혀 성도와 교회의 성장을 돕겠습니다.

3. 빛이 되겠습니다
시대와 영혼의 어두움을 밝혀 주님 앞으로 이끄는
빛이 되는 책을 만들겠습니다.

4. 순전히 행하겠습니다
책을 만들고 전하는 일과 경영하는 일에 부끄러움이 없는
정직함으로 행하겠습니다.

5. 끝까지 전파하겠습니다
모든 사람에게, 땅 끝까지, 주님 오시는 그날까지
복음을 전하는 사명을 다하겠습니다.

서점 안내

광화문점   서울시 종로구 새문안로 69 구세군회관 1층
02)737-2288 / 02)737-4623(F)

강남점   서울시 서초구 신반포로 177 반포쇼핑타운 3동 2층
02)595-1211 / 02)595-3549(F)

구로점   서울시 동작구 시흥대로 602, 3층 302호
02)858-8744 / 02)838-0653(F)

노원점   서울시 노원구 동일로 1366 삼봉빌딩 지하 1층
02)938-7979 / 02)3391-6169(F)

일산점   경기도 고양시 일산서구 중앙로 1391 레이크타운 지하 1층
031)916-8787 / 031)916-8788(F)

의정부점   경기도 의정부시 청사로47번길 12 성산타워 3층
031)845-0600 / 031)852-6930(F)

인터넷서점   www.lifebook.co.kr